经典百年海战大观

"俾斯麦"号覆灭记

田树珍/ 编著

民主与建设出版社
·北京·

© 民主与建设出版社，2020

图书在版编目（CIP）数据

"俾斯麦"号覆灭记 / 田树珍编著 . -- 北京：民主与建设
出版社，2019.9

（经典百年海战大观）

ISBN 978-7-5139-2603-4

Ⅰ.①俾… Ⅱ.①田… Ⅲ.①第二次世界大战—海战
—史料②战列舰—史料—德国—现代 Ⅳ.① E195.2

中国版本图书馆 CIP 数据核字（2019）第 171536 号

"俾斯麦"号覆灭记
"BISIMAI" HAO FUMIE JI

出 版 人	李声笑
编　　著	田树珍
责任编辑	王　颂
封面设计	亿德隆文化
出版发行	民主与建设出版社有限责任公司
电　　话	（010）59417747　59419778
社　　址	北京市海淀区西三环中路 10 号望海楼 E 座 7 层
邮　　编	100142
印　　刷	三河市天润建兴印务有限公司
版　　次	2020 年 5 月第 1 版
印　　次	2022 年 6 月第 2 次印刷
开　　本	710 毫米 × 1000 毫米　　1/16
印　　张	15
字　　数	180 千字
书　　号	ISBN 978-7-5139-2603-4
定　　价	49.80 元

注：如有印、装质量问题，请与出版社联系。

大海战 100 年

　　美国杰出的军事理论家马汉于 1890—1905 年间提出了制海权理论，其核心是"谁能控制海洋，谁就能控制陆地，进而控制整个世界"。因此，掌握全面制海权不仅是海军的核心任务，更是国家的战略目标，人类近代海战史充分印证了马汉这一理论。

　　近百年来，以美国、英国、法国、德国、意大利、日本为首的军事强国都在优先发展海上力量。在第一、第二次世界大战及近代几次战争中，这些国家通过海上封锁、破坏对方海上运输线、海上决战等方式，在一定海域内获得了制海权，进而实现了控制相关陆地的战略目的。

　　这其中，留给我们印象最深刻的是两次世界大战，无论是作战规模、作战样式，还是战争的惨烈程度都是空前的。在这两场战争中，海战这一古老的战争类型，由于使用了新武器、新装备，发生了革命性的变化。当德国的"俾斯麦"号和"提尔皮茨"号、日本的"大和"号和"武藏"号、英国的"威尔士亲王"号等超级战列舰被奉为"海战之王"时,以美国为代表的航空母舰及其战斗群横空出世,在一场场血与火的搏杀中表现出色,为美国最终赢得太平洋战争立下汗马功劳,名正言顺地取代了战列舰成为新的"海上霸主"。同时,随着人类科学技术的不断进步,核潜艇的出现又彻底打破了固有的海战模式,其强大的战略、战术威慑力,使之成为令人生畏的深海杀手。

为了再现近百年的大海战全景,我们精心推出"经典百年海战大观"系列丛书。这套书详细地再现了近百年来海战中的经典战例、著名战舰以及一些鲜为人知的人物故事,共20册,每册讲述一个独立的海战故事,书中涉及日德兰之战、珍珠港之战、珊瑚海之战、中途岛之战、瓜达尔卡纳尔之战、莱特湾之战、马里亚纳群岛之战、围歼"俾斯麦"号战列舰之战等海战史上至今仍然被人们津津乐道的经典战役。

进入21世纪,中国人民解放军海军迅速发展壮大,有力地保卫了祖国海防,但中国海军依然任重道远。要保护我们国家的利益,需要建设强大的海军,需要我们比以往任何时候都更加关注海洋、了解海战的历史。

目 录

第一章

海上封锁计划

★英国第二次世界大战前的国防战略是:"主要方式首先是夺取制海权,在海上交通线上作战和对敌人进行海上封锁。"

★德国海军司令雷德尔决定避开皇家海军的主力,把袭击舰和潜艇派到大西洋,截杀盟国护航运输队,切断英国的海上运输线,迫使其在弹尽粮绝的形势下不战自降。

★英国首相丘吉尔说:"战争中唯独使我真正害怕的是德国潜艇的威胁。"

★英国为了保护自己的海上生命线,为庞大的船队建立了护航体系,事实证明,这一策略最终保障了英国赢得最终胜利。

第二章
杀向大西洋

★德国海军司令雷德尔元帅心里很清楚，德国与英国海军实力相差悬殊，他在 1939 年 9 月 3 日的日记中写道："对英国和法国开始的战争过早，德国海军没有进行这次战争的足够兵力。"话虽如此，但在战争中德国人没有因此回避和英国海军作战，而是积极的投入这些新锐战舰，大打出手。

★连英国首相丘吉尔也说："俾斯麦"号战列舰是一艘了不起的船只，是德国海军舰队的杰出之作。

★面对气势汹汹的德国，从伦敦的重重迷雾中传来了丘吉尔斩钉截铁地回答："我们决不投降！"

★英国的造船速度尚不足以弥补每月的海上损失，如果"俾斯麦"号战列舰再出现在大西洋上，英国的海上生命线将面临被切断的危险。

第三章
海上"捉迷藏"

★不到 6 分钟，英国最大的"胡德"号战列舰就在"俾斯麦"号战列舰的炮击中中弹爆炸沉没了！

★没想到到了午夜 3 点，吕特晏斯的这一手让英国人傻了眼，"俾斯麦"号战列舰居然在眼皮子底下诡异地消失了！

★于是吕特晏斯做出了一个愚蠢的决定，这个决定导致了"俾斯麦"号战列舰再次陷入严重危机中。

★有人在海图上标出了"俾斯麦"号战列舰的位置，它几乎正在"英王乔治五世"号战列舰、"罗德尼"号战列舰和"皇家方舟"号航空母舰这个三角形的中心。这一次，"俾斯麦"号战列舰已经陷入重围了，它还能逃出英国人的视线吗？

第四章
群殴遭遇战

★一名眼尖的飞行员发现被他们攻击的居然是英国的 "谢菲尔德" 号巡洋舰，他禁不住惊呼起来："噢，我的上帝！"

★天色越来越暗，载着沉重鱼雷的 "剑鱼" 式鱼雷轰炸机排成小分队，时而穿过厚厚的云层，时而闯过暴雨区，顽强地飞行着。

★"俾斯麦" 号战列舰已经处于英国战舰的重围中，可是希特勒为何没有派出较大规模的救援队伍呢？

第五章
"巨舰"的魔力

★ "俾斯麦"号战列舰在遭受到概率非常小的厄运的情况下,仍然进行了顽强的抵抗,它不愧为德国海军的骄傲。就连下沉的时候,整个海面也被它的光彩所照亮。

★ 在"阿贾克斯"号轻巡洋舰舰桥上,所有的人,甚至连哈伍德在内,全都陷入了沉默。在他们前面的远处,一股巨大的浓烟升腾在空中。舰上的扩音器里依然传出迈克的尖厉而结巴的声音。在他的话音后面,可以听到人群中发出的阵阵喧闹声和从那股垂死的军舰上传来的雷鸣般的爆炸声。

★ "俾斯麦"号战列舰末日传奇故事依旧让人浮想联翩,其中最让人关注的问题是,它究竟是被英国军舰击沉的还是被德国船员自行凿沉的?

第一章
海上封锁计划

★英国第二次世界大战前的国防战略是:"主要方式首先是夺取制海权,
 在海上交通线上作战和对敌人进行海上封锁。"

★德国海军司令雷德尔决定避开皇家海军的主力,把袭击舰和潜艇派到
 大西洋,截杀盟国护航运输队,切断英国的海上运输线,迫使其在弹
 尽粮绝的形势下不战自降。

★英国首相丘吉尔说:"战争中唯独使我真正害怕的是德国潜艇的威胁。"

★英国为了保护自己的海上生命线,为庞大的船队建立了护航体系,事
 实证明,这一策略最终保障了英国赢得最终胜利。

1. 蓝色生命线

大西洋位于欧洲、非洲、南北美洲之间，类似"S"形。两端宽中部窄，东西最宽约 6845 公里，赤道附近最窄约 2800 公里，南北长约 15 700 公里，面积 9336 万平方公里，是世界第二大洋。

"大西"一词，来源于古希腊神话中大力士阿特拉斯之名。传说阿特拉斯是顶天立地的英雄，住在大西洋深处，知晓世上任何一个海洋的深度。诚如"大西"之意，大西洋的战略地位非常重要，它西通巴拿马运河连接太平洋，东穿直布罗陀海峡，经地中海、苏伊士运河通向印度洋，北连北冰洋，南接南极海域，有许多重要的海峡和海岸，如沟通地中海与大西洋的直布罗陀海峡，波罗的海诸国进入大西洋的要道斯卡格拉克海峡、卡特加特海峡等。

第一次世界大战前夕，大西洋的货运量占世界海运总量的 75% 左右，到第二次世界大战前仍占三分之二以上，是当时世界航海的中心。大西洋主要的海上航线有：欧洲和北美的北大西洋航线；欧洲、亚洲、大洋洲之间的远东航线；欧洲与墨西哥湾和加勒比海之间的中大西洋航线；欧洲与南美大西洋沿岸之间的南大西洋航线；从西欧沿非洲大西洋岸到开普敦的航线。这些航线对整个世界经济、政治具有深远的影响，同时也对沿途国家具有重要的意义。

驶向英吉利海峡的西班牙无敌舰队

　　位于大西洋沿岸的英国更是深知"靠山吃山，靠水吃水"的道理。

　　英国位于欧洲西部、大西洋的不列颠群岛上，南隔北海、英吉利海峡和多佛尔海峡同欧洲大陆相望。在击败老牌海上强国西班牙的无敌舰队和荷兰的海军后，英国成为欧洲的海上霸主，凭借当时世界第一的海军力量，占了比本土大 150 倍的殖民地，因此，它被称为"日不落帝国"。

　　英国是个严重依赖海上贸易的国家，在很大程度上依靠由海路输入工业原料和粮食，每年从海路输入的货物达 6800 多万吨。第二次世界大战前，英国所消费 75％ 的石油、95％ 的铜、99％ 的铅、88％ 的铁矿石、89％ 的小麦、81％ 的肉类和 93％ 的食油等需要从海外输入。

当时英国的航海业极为发达。英国拥有一支约 2100 万吨的商船队，商船的总吨位占到了世界商船总吨位的 31.8％，每天平均有 2500 艘船只在海上航行。英国海上交通线通往世界各地，总长度超

第一次世界大战前停泊在港口的英国战列舰

过 8 万海里。一条海上交通线是同欧洲、地中海、非洲和印度洋各
国联系；另一条海上交通线是同加拿大、美国、中美洲和南美洲联
系，经巴拿马运河还可与太平洋地区各国通商。英国有 90% 的货物
进口经由大西洋和英吉利海峡的各条航线进行，其余 10% 经由北海
交通线进行。

毫无疑问，大西洋海上交通线是英国赖以输入物资、原料和粮
食的生命线，是帝国赖以生存的重要基石，保护好海上航运一直是
这个海上之国战略防护的重点。

第一次世界大战前，老牌的资本主义国家英国已经被新兴的资
本主义国家德国、美国赶超。经过第一次世界大战，英国的实力大
受损伤。但它依旧是海上第一强国，维系海上霸主地位的雄心依旧
没变。

当时英国的国防战略由内阁会议来确定，他们制定的英国国防
战略任务是：坚决保障海上交通线安全；保卫本土及领空安全；维
护海外殖民地及其市场。实现"主要方式首先是夺取制海权，在海
上交通线上作战和对敌人进行海上封锁"这一国防战略。

英国的海军战略受马汉制海权理论的影响。马汉制海权理论认
为，在夺取制海权的斗争中，起决定性作用的是号称"巨舰大炮"
的战列舰，而夺取制海权的方法是通过主力舰队在会战中击毁敌方
的战列舰，并严密封锁敌人的舰队。英国海军的使命是同敌人舰队
作战，保障海上交通线和向世界各地运送陆军部队。

因此，英国将重心放在发展强大的水面舰队上，对潜艇和海军航空兵的意义估计不足，当然也忽视了空中反潜的战术。但是，英国接受了第一次世界大战的教训，比较重视组织海上护航运输队。

英国的宿敌不少，但欧洲大陆上主要有两个：法国和德国。

与英国一样，法国也在第一次世界大战中元气大伤。法国海军在第一次世界大战后一蹶不振。由于英国不想破坏第一次世界大战后的战略格局，让法国在欧洲大陆上称霸，由此导致1921年到1922年的"英法军事联盟"谈判破裂。1922年，《五国海军条约》签订，规定美英意法日五国战列舰总吨位比例为5：5：3：1.75：1.75，英法作为老牌资本主义国家被后来者赶上。但法国不是英国最关注的潜在敌人。

德国才是英国人眼中最重要的潜在敌人。第一次世界大战前德国咄咄逼人的气势让英国人耿耿于怀；第一次世界大战中英德矛盾是世界主要矛盾，处于两个不同阵营的国家进行了殊死决战，战争给双方都留下了沉重的创伤。

自然，英国海军部把德国作为主要的海上敌人。

第一次世界大战期间，出于封锁和打败德国公海舰队的需要，英国海军得到了进一步发展壮大，并维持了世界第一的规模。第一次世界大战结束后，英国的海军实力处于绝对优势地位。华盛顿会议后，虽然各国在主力舰和航空母舰方面受到限制，英国放弃了独享的制海权，但从1922年到1933年期间，英美日三国军舰的实际建造情况看，这段时期内英国建造的军舰为 139 艘 45 万吨，多于美国的 37 艘 19.3 万吨和日本的 154 艘 38.2 万吨。即使 20 世纪 30 年代以后在美日等国都加快了海军建设步伐的情况下，到 1937 年，英国海军拥有的总吨位约 100 万吨，仍然多于美国的 80 万吨和日本的 70 万吨。到第二次世界大战开始时，英美日三国所拥有的海军力量对比仍然是英国占优势。

除了大型舰队，英国还拥有一支庞大的战略空军。第二次世界大战前，在英国本土的空军作战飞机有 1456 架（包括 536 架轰炸机，有 78 个航空大队），另约有 2000 架飞机作为战争储备。在海

无畏级战列舰的始祖，英国"无畏"号战列舰

外约有 435 架飞机，有 34 个航空大队：19 个在中东，7 个在印度，8 个在新加坡和马来亚。本土飞机中约有 1100 架装备现代化的设备，战斗机和轰炸机约各占一半。轰炸机中大多数是航程有限的中型轰炸机，还有四引擎重型轰炸机。

英国海军海岸司令部的航空兵拥有 232 架作战飞机，编为 17 个航空大队，航空母舰搭载约有 500 架飞机，另有 490 架飞机作为战争储备。

英国战前的海军兵力部署：在奥克尼群岛的斯卡帕湾有 5 艘战列舰、2 艘战列巡洋舰、1 艘航空母舰、3 支巡洋舰队（12 艘巡洋舰）、2 支舰队驱逐舰队（17 艘舰队驱逐舰）。在罗赛特有 1 艘航空母舰和若干轻型舰艇。在波特兰有 2 艘战列舰、2 艘航空母舰、3 艘巡洋舰、1 支舰队驱逐舰队（17 艘舰队驱逐舰）。大量舰队驱逐舰和潜艇驻泊在丹迪、布赖顿、恒比尔、多佛尔、朴茨茅斯。一部分海军大型舰艇还部署在地中海和西印度群岛。

英国海军的作战计划是：一旦欧洲战争爆发，英国海军必须保护和巩固其在大西洋上的海上交通线，封锁德国舰队，切断德国同国外的海上联系。英国估计德国派入大西洋的主要兵力是潜艇，还可能有极少量战列舰。因此，英国海军的总任务，除了保护自己的海上交通线，不让敌人水面舰艇从北海侵入外，主要就是防御德国潜艇的攻击。其防潜方法是先在英国海区内进行搜索，给通过危险区的运输船导航，然后再组织护航运输队。

德国的 U 型潜艇

　　英国也考虑到意大利参战的可能性。如果意大利参战，英国海军兵力将在地中海进攻意大利海军。丘吉尔还试图组织吃水不深的大型军舰进入波罗的海。

　　★第一次世界大战时英国如何锁定霸权挑战者？

　　锁定霸权挑战者都需要经过长时间的犹豫与反复考虑，因为错误的锁定对其霸权而言，意味着致命的危险。第一次世界大战前，英国拥有世界霸权，但美国的经济规模已超过英国，法国、俄国同英国在世界范围内激烈地争夺殖民地，威廉二世统治下的德国在工业、海军和殖民地争夺方面也表现得咄咄逼人。一场声势浩大的军备竞赛由此拉开了序幕。

长期以来英国都稳坐海上霸主的位置，德国兴起之后便对海上霸权虎视眈眈。为了能够从英国那里夺取海上霸主的位置，德国开始组建海军，开发新的巨型战舰。历史上著名的无畏级战舰这个时候诞生在英国，引发了后来诸多国家无畏级战舰的产生。德国在此期间改革了军队，并制造了不少无畏级战舰。这个时候的德国，军事实力已经可以跟俄国相媲美。

最终，英国锁定了德国，但有一个事件可以证明英国选择的犹豫反复和艰难：仅仅在第一次世界大战爆发前十年，英国还支持日本打败了俄国，而德国在战争中则支持俄国，威廉二世差点利用日俄战争，通过"毕由克条约"把俄国拉进自己的阵营。

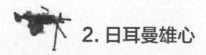

2. 日耳曼雄心

德国位于欧洲中部，北临波罗的海和北海。1871 年，在普鲁士铁血宰相俾斯麦艰苦卓绝的军事和外交斗争下，德意志帝国建立。日耳曼民族是个骄傲的民族，罗马帝国的辉煌一直指引着这个民族前进的方向，成为世界霸主的梦想一直没有改变。在其经济军事实力飞速上升、国力强大的时候，这个民族坚定地加入到争夺世界霸权的阵列中。

1919 年 6 月 28 日，战败的德国在法国巴黎与战胜国签订《凡尔赛条约》。对很多德国人来说，这个条约的签订是一种耻辱。他们认为，德国在第一次世界大战中并没有输，而是被当权者出卖了，签订《凡尔赛条约》是侮辱德国的标志。

本来，第一次世界大战后的德国处于战败国地位，发展军事实力受限。尤其是海军，一直处于低迷状态，无力发展。《凡尔赛条约》规定：德国海军只允许装备不超过 1 万吨级的战列舰 6 艘，不

《凡尔赛条约》签约现场

第一次世界大战时的德国公海舰队

超过 6000 吨级的巡洋舰 6 艘，不超过 900 吨级的舰队驱逐舰 12 艘，不超过 200 吨级的驱逐舰 12 艘，还可有少量辅助舰船，禁止装备作战飞机、潜艇和航空母舰。第一次世界大战中，公海舰队没有能够打赢英国海军，不少大型战舰被击沉，其余没有在日德兰海面被英国人击沉的战舰，被德国人忍痛自己凿沉于海底。不甘失败的德国人因条约束缚，只能偷偷发展海军实力。

由于英国在第一次世界大战后实力减弱，不希望法国在欧洲大陆上一枝独秀，于是没有同法国结盟阻止德国再次崛起，反而联合德国共同遏制法国。英国这一政策不仅没有带来和平，反而鼓励和纵容了德国军事力量的再次崛起。

20 世纪 20 年代，数次世界资本主义经济危机的爆发，挑战了德国人的容忍底线。贫穷感和屈辱感让每一个德国人希望找回大国

的自信。希特勒的上台则给予了德国人精神上的寄托。希特勒提出
的加强国家对经济的干预、增加就业的"国家社会主义"理论，其
反犹太人的狂热，废除《凡尔赛条约》、恢复德国大国地位的许诺
得到了不少德国人支持。

　　1933 年希特勒上台执政，打破《凡尔赛条约》的束缚，开始重
整军备。1934 年，追加了海军拨款。8 月，希特勒秘密下令，在一

希特勒上台后制造的"德意志"级袖珍战列舰

年内把海军从《凡尔赛条约》规定的基础上增加一倍，并生产巡洋舰、潜艇和作战飞机，重建潜艇部队。10月，希特勒宣布：由于国际联盟在国际事务上的无为，德国退出国际联盟；为了巩固德国的侧翼，希特勒与波兰签订了为期10年的和平条约。

1935年，希特勒撕毁了《凡尔赛条约》，重新恢复征兵制，理由是遏制苏联日益强大的军事力量。6月18日，英国继续采取"绥靖政策"，与德国签订海军协定，基本上废除了《凡尔赛条约》对德国军备发展所有的限制。德国有权恢复与法国海军规模相等的海军，建造相当于英国海军舰艇总吨位35%的舰船和相当于英国潜艇舰队总吨位45%的潜艇。在德国同意协定规定"一切潜艇应遵照海

英国首相张伯伦

上捕获权作战、未经警告不得击沉舰船"的条件下，经特别允许，甚至还可以将潜艇吨位增加到100%，不过其舰种的吨位要适当减少。这个协定，无疑为德国有计划地建设现代海军开辟了道路，使德国海军进入了迅速扩充时期。

德国海军建设，一度深受海军总司令雷德尔观点的影响。

在雷德尔看来，第一次世界大战德国之所以失败，是由于帝国参谋总部的大陆优先战略和对海军的轻视。鉴于这一教训，他坚持海军建设的优先地位，并主张把战略重心转向海上战场。1938年5月，希特勒向雷德尔透露英国是潜在敌人后，雷德尔向希特勒建议迅速建设一支均衡发展的强大海军，以保证战时袭击英国大西洋交通线的需要。雷德尔并不否认潜艇的重要作用，但他深信海上战争的胜负取决于水面舰队，首先是战列舰和巡洋舰。

1938年底，雷德尔元帅向希特勒提交了两份作战计划以供选择。一份是短期计划，该计划以战争迫在眉睫为前提，要求将德国海军大部分兵力包括潜艇、袭击舰、布雷舰和一些岸防部队投入一场攻击对方商船队的战争。另一份是长期计划，称为"Z"计划。该计划以设想战争在10年内不会爆发为前提，要求德国建立一支比英国海军还要强大的水面舰艇部队，以使它能够在未来的战争中从英国人手中夺取制海权。

一开始，希特勒采纳了"Z"计划。由于战争提前爆发，希特勒被迫放弃该计划，停止了水面舰艇（除接近完成的"俾斯麦"号战列舰和"梯比兹"号战列舰外）建造。1939年12月底，德国海军调整了海军装备建设计划，对潜艇的建造又重新作了安排，潜艇地位明显上升。

第二次世界大战爆发时，德国海军建制编有战列舰队、侦察（巡逻）舰队、潜艇舰队，共有15.95万人，舰艇排水量35万吨，主要装备有：战列舰（旧式）2艘、战列巡洋舰3艘、重巡洋舰2艘、轻巡洋舰6艘、舰队驱逐舰22艘、驱逐舰20艘、潜艇57艘。

德国空军还是比较强的。与其他国家相比，德国在第二次世界大战前战斗机的比重远远低于其他国家。德国在1935年至1936年的空军建设计划中，一开始是按照计划制定了大量的四引擎远程轰炸机。但到了1937年德国将中程轰炸机置于优先发展的位置，因为它们能与陆军进行密切的协同作战。因此在战前德国没有建立起强大的战略空军。

德国空军的作战能力较强，空军总司令戈林不愿将航空兵直接划归海军领导。因此，海军航空兵还没有成为一个独立的兵种。他说"凡是能飞的皆属于我"，这句话意味深长。德国空军担任在大洋上袭击军舰、空投水雷、破坏海上运输、突击敌方港口和基地以及袭击敌方造船工业的任务。而德国海军航空兵实力极弱，数量有限，飞机航程短，再加上没有航空母舰，战争一开始就停止了航空母舰舰载机的制造。海军航空兵不能用于超过500公里以上的海上交通线作战。海军航空兵只担任海上空中侦察和与敌编队接触时对敌舰进行战术破坏，而这一任务主要由岸基飞机来完成。

战争爆发时，德国空军拥有 4000 多架飞机，其中轰炸机 1180 架、俯冲轰炸机 336 架、战斗轰炸机 408 架、战斗机 771 架、攻击机 40 架、侦察机 613 架、运输机 552 架、水上飞机 167 架。其中隶属海军的有 14 支岸基航空中队，约 150 架飞机。

尽管德国海军在 1930 年代得到了一定发展，但德国与它的老对头英国相比，凭借这些力量与英国争夺海上霸权还有点不自量力。英国毕竟号称海上第一强国，英德两国海军实力相差太悬殊。因此，德国海军司令雷德尔决定避开英国皇家海军主力，把袭击舰

德国空军斯图卡式俯冲轰炸机编队

和潜艇派到大西洋，截杀盟国的护航运输队，切断英国的海上运输线，迫使其在弹尽粮绝的形势下不战自降。

另外，尽管面朝大海，但德国在大西洋上的航运位置总是不佳，德国人没有一寸土地直接向大西洋开放。从地图上看，德国的北部靠着大海，右面是波罗的海，左面是北海。遗憾的是，大西洋在德国的西面。而德国的西部边疆却依次被荷兰、比利时、法国所挤满，德国人只可以从左面的不来梅港或威廉港经北海进入大西洋。北海北岸是挪威，这个国家一直延伸到北冰洋。在北海西岸，大不列颠绵绵延延，在北面与挪威控制着北海的北出口，在南面与荷兰、比利时、法国拿捏着北海的南出口。倒霉的德国人要进入大西洋，到处都遇到关卡。

德国海军由北海进入大西洋，随时可能受到挪威、荷兰、比利时、法国、英国的阻击。潜艇可以从海底偷渡，但大型水面舰只却无法逃过对方的监视。要想对英国海上交通线进行致命的打击，截断其生命线，就得事先突破英国海军的封锁。

于是，早有准备的海军司令雷德尔采取了两个步骤：第一，在大战爆发前就将"德意志"号袖珍战列舰和"斯比伯爵"号战列舰派到大西洋，预先埋下两颗钉子；第二，做好充分准备，在时机成熟后出兵占领挪威。一旦能占领挪威，就意味着德国能将潜艇基地扩大到斯塔万格、特隆赫姆等地，德国海军进入大西洋的距离缩短，海上活动能力可以大大增强。

"斯比伯爵"号袖珍战列舰

★英美自掘坟墓，培植德国的战争潜力

第一次世界大战后，为了帮助欧洲经济复兴，美国发起了"道威斯计划"，援助欧洲国家。德国在1925年洛加诺会议上恢复了国际地位，也变成了欧洲受援国之一。从1924年到1930年，流入德国的以美、英为主体的国外资本约计300亿马克，占同时期德国工业投资的1/2，工业固定资本的2/3。德国能够恢复其第二大强国的地位，主要得益于外国资本大量流入。

当时，德国为了获得贷款，而向各国借款。1933年，美国银行同意德国延期偿还以前的贷款，希特勒政府利用这些款项购买了不少美国的战略物资。1934年12月，英国银行给予德国银行75万英镑借款，以便德国政府购买战略原料。到1935年5月，德国银行欠英国银行债款达10亿马克。1934年到1935年后，美、英同意德国停止外债的偿付，还通过各种渠道向德国输出资金。到1938年底，德国得到美、英的援助已高达27.43亿美元。

不仅如此，美、英还通过资本、技术和装备的输出帮助德国重整军备。截至第二次世界大战前，英国在德国投资约2亿美元，主要投资于战争最急需的石油工业。除此，英国的维克斯兵工厂和帝国化学公司更利用一切方法援助德国军备计划，美国在德国的投资高达10亿美元。有200多家公司参与了德国军事工业，除帮助德国生产铝、镁、镍、铅、碳化钨等战略原料外，还帮助生产坦克、汽车、牵引车、无线电器材等军用装备。

德国战争初期的军事优势集中表现在机械化及航空两个方面。这两方面，都得到了美国财团的大力支持。1933年到1934年间，美联合航空运输公司向德国交运了每月可生产100架飞机所需的设备与部件。1935年春，德国自美国输入可制造3000台飞机引擎的部件。1937年到1938年间，美国卖给德国1700架飞机。1938年到1939年间，又提供给德国2500台最新式飞机引擎。1932年德国的空军力量比较羸弱，只有36架作战飞机，然而四年后的1936年，德国拥有 4000 架作战飞机，一跃超过英国。到 1939 年，德国共拥有作战飞机 8295 架，超过了英、法、波之和。

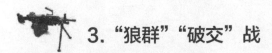 **3. "狼群""破交"战**

在一切条件都有利于德国的情况下，1939 年 9 月 1 日凌晨 4 点 45 分，德国军队向维斯特普拉特半岛上的波兰军队发起突然袭击，从而点燃了第二次世界大战欧洲战场的战火。

9 月 3 日，德国海军派遣"马斯"号驱逐舰和"马克斯绍兹"号驱逐舰驶向但泽湾，向驻泊在赫尔港的波兰海军"尉赤"号驱逐舰和"格里夫"号布雷舰炮击。当日，英国和法国对德国宣战。

同日晚，德国海军 U-30 号潜艇在赫布里底群岛以西约 200 海里处，击沉了英国"阿锡尼亚"号客轮，大西洋海战正式爆发。自此，德国海军不仅投入了庞大的潜艇部队和伪装成商船的辅助巡洋舰，还出动了大型水面舰艇破坏盟国的海上交通线。潜艇和飞机主要在北海和北大西洋海区活动，大型水面战舰在南美洲与非洲间南大西洋广大海区攻击英国运输船。

在战前埋下的两颗钉子终于发挥了作用。"斯比伯爵"号战列舰和"德意志"号袖珍战列舰给盟国防卫很差的护航运输队和单独航行的船只造成了很大危险。1939 年 8 月，"斯比伯爵"号战列

正在接受补给的德国 U 型潜艇

舰在三个月中，共击沉 9 艘运输船，总吨位达 5 万吨。当时德国海军的目的是利用一切可能的手段破坏英国船队正常航行，消灭商船，给英国护航运输队造成严重的心理压力。12 月 13 日，"斯比伯爵"号战列舰在南美洲的拉普塔河口海战中被英国海军的一支巡洋舰编队重创，三天后在乌拉圭蒙得维的亚港被迫自沉。"德意志"号袖珍战列舰于 8 月 24 日进入大西洋，从格陵兰海区南行，击沉了两艘运输船，俘虏了 1 艘运输船，于 11 月中旬返回德国。

希特勒在它返回后要求它改名为"吕佐夫"号袖珍战列舰，因为他担心"德意志"号袖珍战列舰万一被击沉，会造成不利的心理影响。

　　尽管德国舰船袭击战果显著，但也遇到许多不便。特别是"德意志"号袖珍战列舰俘获了一艘美国"弗林特市"号货船，犯了一个重大的外交上的错误。这艘货船在德国水兵押送下，经由挪威领海驶向德国。但是它途经挪威海域时被挪威政府扣留，并被送还给

"德意志"号袖珍战列舰

美国人。这一事件激怒了德国人，也使希特勒注意到了挪威。于是，雷德尔开始实施他原本计划的第二步，占领挪威。

德国早就计划占领挪威。挪威水道是挪威的海上交通要道。德国每年要进口1500万吨铁矿石，其中的75%来自斯堪的纳维亚。在夏天，这些铁矿石可以由瑞典的律勒欧港通过波罗的海运往德国，躲过英国海军袭击。但是，到了冬天，波罗的海北部封冻，这些铁矿石只好经陆路运到挪威的纳尔维克，再由这里运到德国。出于战略考虑，德国人必须占领挪威。

最重要的是，从战略上看，一旦挪威和英国人联手，这将成为德国海军突破大西洋的一大障碍。它可以封锁德国海军的出路，卡住德国进入大西洋的海路。如果德国占领了挪威，便可以从挪威海岸对英国斯卡帕湾海军基地形成翼侧包围。如果德国潜艇或水面舰艇打算前往大西洋活动，由挪威出发要比从德国基地出发便利得多。

1940年3月1日，德国签发了代号为"威悉河演习"的作战计划。这项作战计划包括了入侵挪威和丹麦，主要是为了从南北两个方面打破英国海军对德国海军出入北海的封锁。

为了实现这一目标，德国人几乎押上了自己的全部海军力量——全部的水面舰艇和大部分潜艇，甚至愿意损失一半左右的兵力来赢得胜利。德国海军兵分五路，入侵挪威几乎没有遇到什么抵抗，只付出了极小的代价——挪威岸炮击沉了"布吕歇尔"号巡洋舰，但德国抢先占领了挪威的军事重镇。尽管英国早就有心防范德国从挪威登陆，但还是晚了一步，英国海军随后在纳尔维克发动了突袭，包括"厌战"号战列舰和"暴怒"号航空母舰在内的强大英国舰队重创了德国海军，击沉了德国的 10 艘驱逐舰。

然而这个时候，德国人已经侵入荷兰和法国。在西线，盟国全线溃败。因此纳尔维克的部队接到破坏设施准备撤退的命令，并要求在 6 月 8 日前完成。雷德尔命令"沙恩霍斯特"号战列巡洋舰和"格奈森诺"号战列巡洋舰，攻击英国撤退的远征军和他们的护航舰队。这两艘战列巡洋舰突然袭击了英国"光荣"号航空母舰，将它和它的两艘护航驱逐舰击沉。最后英国远征军的残余部队安全地回到英国。

尽管拥有了挪威海岸，但德国通向大西洋的海路依旧不通畅。英国海军屯重兵于斯卡帕湾，封锁格陵兰岛、冰岛和奥克尼群岛之间的海域，阻止德国舰队从这里溜进大西洋。

此时，德国陆军在欧洲大陆上横冲直撞，势如破竹。4 月 17 日，德军攻占南斯拉夫，渡过瓦尔达尔河向南推进。德军机械化部队长驱直入，进逼希腊，英国的残兵败将逃向大海。德军一支先头部队跨过科林斯地峡，直扑伯罗奔尼撒半岛，另一支先头部队已经攻进阿森斯。在地中海南岸，隆美尔的非洲军团分兵四路从昔兰尼加海岸压向英军防线，希腊人最后一个立足点克里特岛腹背受敌，朝不保夕。疲于奔命的英国皇家海军为了挽救危局，不得不把守卫北大

在挪威登陆的德国士兵

门的部分舰只调往地中海，增援那里处境危险的英国士兵。

为了扩大战果，雄心勃勃的希特勒决定实行"莱茵演习"计划。其主要内容是在北大西洋袭击盟国的护航运输队。雷德尔于1941年春派"沙恩霍斯特"号战列巡洋舰和"格奈森诺"号战列巡洋舰进入大西洋，再次进行袭击活动。在不到两个月的短期巡弋中，它们共击沉了20余万吨船只。但是，"沙恩霍斯持"号战列巡洋舰主机发生故障，"格奈森诺"号战列巡洋舰被英国空军炸

"沙恩霍斯特"号战列巡洋舰

伤。因此，号称"不沉的堡垒"的德国新服役的"俾斯麦"号战列舰和"欧根亲王"号重巡洋舰便承担了完成"莱茵演习"计划的艰巨任务。

1941 年 5 月 24 日，英德两国海军舰艇编队在丹麦海峡发生海战。英军被击沉"胡德"号战列巡洋舰，德军"俾斯麦"号战列舰负伤后撤出战斗。英国海军出动了大西洋和地中海的海军兵力参加搜索和追歼。5 月 29 日，在布勒斯特以西海区，德国"俾斯麦"号战列舰被击沉卧于大西洋底。

德国海军"俾斯麦号"指挥官吕特晏斯

德国海军士兵正在吊装鱼雷

德国最大的"俾斯麦"号战列舰被击沉后，德国海军水面舰艇基本上停止了在大西洋上的活动。这是德国实行海上对英封锁计划的第一阶段，参加水面袭击战的主要有战列舰、战列巡洋舰、巡洋舰、由商船改装的武装袭击舰等水面作战舰只，以及潜艇和航空兵，主要采用的方式是以海面大型战列舰袭击为主，潜艇战为辅。德国海军战列舰采取单舰和双舰实施的巡洋作战活动，战果不大，但牵制了英国大量水面舰艇兵力。

德国实行对英国海上交通线破坏的第二阶段是从1942年开始

的。这一阶段主要的"破交方式"是潜艇作战。前面说过，尽管德国面朝大海，但通往大西洋的航道总被卡住。顽强的德国人也自有其灵活的一面，潜艇因其具有的种种优点成为主要的"游击英雄"。

战争开始时，德国海军潜艇由于数量较少和受驻泊条件的限制，主要集中在英国海区进行单艇作战。战争爆发后第一周，德国海军单艇作战击沉盟国运输船 6.5 万吨，第二周击沉 4.6 万吨。从 9 月 14 日起，德国海军潜艇还向英国海军舰艇发动攻势。随着 1940 年 4 月 9 日德军在挪威登陆，把潜艇基地扩大到斯塔万格、特隆赫姆，德国潜艇的活动进一步加强。

1940 年 6 月 22 日法国投降后，德国潜艇进驻法国布勒斯特、圣纳泽尔、洛里昂、拉帕利斯和波尔多等港口。由于潜艇进入大西

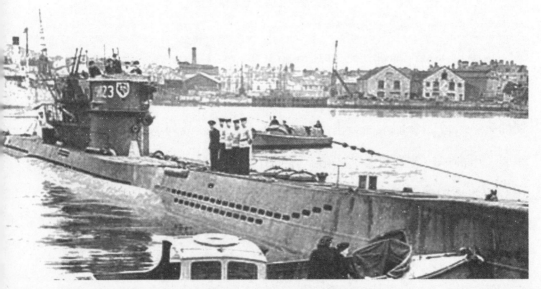

德国海军停靠在挪威海港的潜艇

洋的距离缩短，在海上活动的数量增多，指挥的便利，德国潜艇自1940年7月逐渐转入了在北海峡（爱尔兰北部和苏格兰北部之间的海区）和大西洋中部进行艇群作战，频繁出击英国运输队。这一时期，盟国运输船只损失急剧增加。邓尼茨不仅得到了德国空军的支持，还得到了意大利潜艇的配合，从而造成了一个德国潜艇战的"黄金时代"，给盟军的交通线造成了重大损失。

德国人发明了一套与他们破坏盟国运输线的目的十分适应的战术——"狼群战术"。其发明者是德国海军元帅邓尼茨。

所谓"狼群"，就是由几艘或几十艘潜艇配合行动，它们总是成一字形横布在盟国船队可能经过的航线上，彼此间隔20～25海里。当其中的一艘潜艇发现目标以后，立即向岸上的司令部报告，司令部便命令其他潜艇向目标靠拢。它们白天抢占有利阵位，一到天黑便巧妙地穿过敌方护航队的屏障，钻到运输船队中间，近距离发射鱼雷，几乎百发百中。当天色快亮时，潜艇停止攻击，并以最快速度向前行驶，抢占下一个有利阵位，以便进行新的夜间攻击。仅在1940年10月，就有63艘、总吨位352 407吨的盟国商船被"狼群"吞噬。从1939年到1942年，共有2177艘盟国运输船被德国潜艇击沉。

英国首相丘吉尔曾说过："战争中唯独使我真正害怕的是德国潜艇的威胁。"战胜潜艇，消灭"狼群"，已经成为盟国生存的关键。

1941年初，随着英国海军护航兵力增加，德国海军潜艇作战困

希特勒会见"狼群"战术的发明者邓尼茨

难加大。在 3 艘王牌潜艇被歼灭后，德国海军潜艇向西撤离，开始在横越北大西洋航线上的搜索作战。1941 年 6 月 22 日，德军入侵苏联，德国海军潜艇随后开始攻击同盟国驶往苏联北方港口的护航运输队。1941 年 12 月 8 日珍珠港事件发生后，美国参战。德国海军潜艇开始在北美洲和中美洲沿海进行单艇作战。至此，第二次世界大战扩展到全球规模，大西洋海战亦全面展开。为适应大西洋战场形势，盟军投入更多的反潜航空母舰编队和远程反潜巡逻机，给德国潜艇以沉重的打击。

事实上，德国到 1943 年春季整个海军军备才集中到潜艇战上。但是在吨位战方面由于美国强大的工业效率，当商船新造率陡然上升并超过被潜艇击沉的数量时，潜艇战在 1942 年年底实际上已经宣告失败。即使大量集中潜艇，例如 1943 年 3 月在北大西洋护航线路上这些潜艇还取得了相当可观的战果，但这对源源不断运往大不列颠的物资也不能造成多大妨碍。潜艇的大量损失与其尚能取得的战果相比，已高得让人不能接受了，迫使德国于 1943 年 5 月将剩余潜艇撤离大西洋，这实际上意味着依靠潜艇作战，封锁盟国交通线的海洋战略构想破产了。

随着整个战争发生有利于盟军的转折，美国强大的军工生产能力转入战时轨道，英美已能够抽调更多的海空兵力投入大西洋作战，加强以护航航空母舰为核心的反潜作战。1944 年，美国的航空母舰已发展到 125 艘，英国也达到 40 艘。盟军舰载和岸基反潜飞机迫使德国潜艇难以经比斯开湾航道进入大西洋。大西洋的制海制空权已基本为盟军所掌握。盟军对德国工业尤其是潜艇制造工业基地的轰炸，使德国的战争潜力受到严重破坏，损失的潜艇难以得到补充。最后，大西洋之战以德国的失败而告终，也意味着德国的封锁计划失败。

除了这最重要的两种方式：水面舰作战和潜艇作战，德国人还试图通过突击英国机场、空中决战等方式，夺取对英国和英吉利海峡的制空权与制海权。战史学家都证明，海上封锁初期（1940年6月），德军的努力是有效的。自1940年6月至次年6月共击沉389艘船舶，占同期击沉船舶总吨位的20%。

一艘 U 型潜艇上浮后露出指挥塔

此外，德国人还通过设置水雷来限制英国海军的行动。德国在战争初期就使用中小型水面舰艇、潜艇和航空兵在英国沿岸布设水雷，虽数量不多，但也击沉了一定数量的船舶，例如，英国舰队"布兰什"号驱逐舰触雷沉没，"贝尔法斯特"号巡洋舰和"冒险"号布雷舰等许多舰只因触雷而受伤。

德军的海上布雷封锁给英国海上交通线带来很大威胁。有一段时期，英国进入泰晤士河的三条深水通道中只有一条通航，进出伦敦港的货运有被暂时切断的危险。在上述同期一年时间内德国布雷击沉 160 艘船舶，占击沉船舶总吨位的 6%，并在心理上、军事上给英国造成了较大的压力，迫使英国舰船在一定时期内只能使用有限的近岸航线，为其他兵力的"破交"提供了机会。

★德国封锁线失败原因分析

在第二次世界大战中，德国海军排在美、英、日之后。由于受到德国在第二次世界大战中整个战略利益的限制和希特勒"先大陆后海洋"侵略扩张政策的影响，德国海军在其整个武装力量中处于次要地位，突出表现在装备建设和海军兵力运用等问题上均缺乏系统的、完整的理论指导。

德国海军奉行的是马汉的决战制海理论，即通过战列舰或潜艇兵力海上作战来夺取制海权。根据实际情况，德国海军选择了破坏英国海上交通线为其主要的战略使用样式，企图以大型水面舰艇和潜艇兵力来扼杀英国在大西洋上的海上交通线。德国海军先后采取了巡洋作战和潜艇"破交"两种作战方式，但最终均未达到从根本上动摇英国战争意志的目的。

第二次世界大战中德国海军军事思想没有冲破马汉的决战制海理论，由于第一次世界大战经验的束缚，片面追求通过水面舰艇之间的交战，或对英国运输舰船的海上突击，切断英国的海上交通线并夺取制海权。加上德国海军没有航空兵，对海战场的侦察搜索和夺取海战场的制空权，均需请求德国空军支援，这些导致了德国海军巡洋作战到1941年5月就基本上停止了。虽然德国海军的潜艇曾一度给盟国（尤其是英国）造成了灾难性的结果，但终究因德国海军缺乏在其他作战空间上的有效作战，而退出大西洋海战的舞台。

德国在第二次世界大战中，在海军均衡发展问题上出现了重大失策。当希特勒悍然发动战争之时，海军上将伯姆曾说："面对强大的英国舰队，德国舰队除了战斗和光荣地沉没之外，不可能有别的作为。"当时德国要想大规模建造水面舰队已经来不及了，特别是世界进入了飞机时代，德国海军却没有一艘航空母舰，更没有航空兵，其整体实力远不及英、美、日三个主要海军大国。

在武装力量的建设上，由于德国十分重视发展陆军和空军，因而对海上力量的建设重视不够，从总体上限制了海军兵力的发展。在海军各兵种的发展上，突出发展水面舰艇和潜艇，反对建立海军航空兵，将全部航空兵集中于空军，从而造成了海军各兵种比例的严重失调。在战争初期，德海军水面舰艇的吨位占总吨位的46%，潜艇占9%。在战争过程中，德海军大力发展潜艇，造成了潜艇畸形发展，孤军突起。而其他兵种力量薄弱，从而削弱了海军总体上的战斗力。由于德国海军的潜艇在海上作战中得不到海军其他兵种的协同和支援，因而作战效果逐年下降。由于德国海军的编制内没有航空兵，更没有航空母舰。因此其水面舰艇缺乏有效的空中掩护，没有能力从空中和水面有效打击英国的护航兵力，作战手段显得十分单一，从而导致了德国海军在第二次世界大战大西洋海战中的失败。

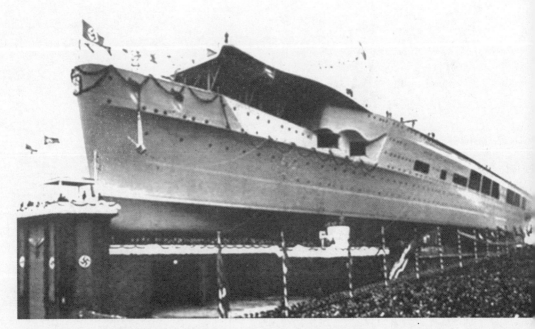

第二次世界大战期间德国唯一建造的"齐柏林伯爵"号航空母舰，但未及投入实战，战争已结束

4. 反击"破交"战

第二次世界大战前，英国人心里早就清楚德国一旦发动袭击，英国的海上交通线必然成为攻击重点。封锁德国舰队，切断德国同国外的海上联系，保护本国的交通线畅通就成为英国海军的战略重心。英国估计德国派入大西洋的主要兵力是潜艇，还可能有极少量战列舰。因此，英国海军的总任务，除了保护自己的海上交通线，不让敌人水面舰艇从北海侵入外，主要是防御德国潜艇的攻击。

大西洋上护航的英国护卫舰编队

　　大西洋海战一爆发，英国海军马上就采取针锋相对的策略。1939 年 9 月 5 日，英国宣布实行护航体系。英国海军部将远洋护航运输队分为运送普通物资的慢速护航运输队、运送普通物资的快速护航运输队、运送军队物资的护航运输队三类，把濒临海区的（地区性的）护航运输队单独划为一类，建立若干特种护航运输队。各主要航线都制定有护航运输队运行表。护航队由驱逐舰、轻型和重型护卫舰及其它装有反潜武器和对潜搜索仪器的小型舰艇组成，护航舰艇主要与德国海军潜艇作斗争。

　　在战争初期，英国海军仅能派出较小的警戒舰群在离编组港口不远的距离内对运输队实行护送，由于德国早做了准备，盟国商船损失惨重。战争初期的 10 个月，德国海军潜艇共击沉盟国和中立国运输船 300 艘（113 万吨），连同航空兵和水面舰艇的"破交"，共击沉运输船 701 艘（233 万吨），接近于第一次世界大战最后 10 个月给协约国造成的损失（每月 25 万吨）。

　　由于一开始损失惨重，英国海军逐步派出作战半径较大的舰只进行远距离护航。起初航空兵掩护偶而进行，后来经常采用在接近英国西部海区使用英国空军海岸飞机护航，在哈利法克斯海区使用加拿大的飞机护航。

　　英国海军在海战过程中认识到了自己的弱点，并立即着手对本国的海军兵力结构进行调整。

　　首先，以 8 个海空军基地长期租借给美国（租期为 99 年）为条件，换取美国 50 艘旧式驱逐舰，用于护航；其次，针对英国海军航空兵数量少、体制不完善的弱点，将海军航空兵划归海军建制，并不断加强海军航空兵的力量。而逐步完善的护航体制，成立专门的反潜大队和护航航空母舰编队等，都很大程度上保障了盟国海上交通的畅通。

再次，对德国战舰、潜艇实行封锁。

1939 年 9 月初，英国海军部组建了一支特别作战群，编有"纳尔逊"号战列舰和"罗德尼"号战列舰、"反击"号战列巡洋舰、"皇家方舟"号航空母舰、"曙光"号巡洋舰和"谢菲尔德"号巡洋舰、舰队驱逐舰 10 艘，以及北海巡逻队的舰船，用以阻止德军舰船进入大西洋，负责直接掩护英国和挪威之间的航运，还准备使用驻泊在罗赛特和斯卡帕湾的海军主力支援北海巡逻队。

英国海军部还抽调了一部分兵力在挪威海的南部和堡克尼群岛之间进行巡逻，组织一个舰群在接近多佛尔海峡的通道上巡逻，掩护向法国运送部队和装备的舰船。为了控制接近英吉利海峡和爱尔兰海入口的西部通道，并掩护往返于英国和法国各港口之间的船只，在波特兰组建了一支名为"海峡部队"的舰艇支队。此外，还向直布罗陀派出了一个独立作战群（辖第 3 驱逐舰总队），负责阻止德国海军潜艇进入地中海。英国严防德国海军进入大西洋。同时，英国空军飞机曾多次轰炸德军的海军基地，英国海军水面舰艇主动攻击敌方港口基地内的海军兵力，在敌方港口、航道附近布置

英国"罗德尼"号战列舰

了大量的兵力、水雷，实施封锁等等。

英国在 1939 年 9-10 月间分 3 个阶段在多佛尔海峡建立了水雷防潜区，布设雷线，装设指示系统，保障自己的舰船从两个雷区之间往返通行。当年 10 月，德国海军 U-12 号潜艇、U-40 号潜艇通过多佛尔海峡时触雷沉没。德国被迫停止派遣潜艇通过英吉利海峡。此外，英国海军还在法罗群岛和冰岛之间的浅水区布设数条雷线，在德国控制的海区进行数次布雷。当德军在西欧发起攻势时，

英国 "惠灵顿" 式飞机

英国海军把布雷问题摆在了次要位置。

1940 年 6 月，德军占领挪威和法国沿海各基地、港口后，英国海军为了阻击德国海军水面舰艇和潜艇进入大西洋，从 1940 年开始将潜艇在挪威和比斯开湾德军基地附近展开，航空兵在德军新设基地的航道上布雷。1941 年从 3 月到 5 月，英国海军在比斯开湾建立了由水雷障碍、潜艇阵地和反潜航空兵巡逻线组成的防潜地区。与此同时，也加强了在北部海区的封锁。1941 年 4 月，在丹麦海峡也进行了布雷。

对蹿入大西洋并造成严重影响的大型德国战舰，英国人有针对性地利用海军优势兵力进行围歼。例如 1939 年 8 月，德国 "斯比伯爵" 号战列舰在 3 个月中，共击沉 9 艘运输船，总吨位达 5 万吨，给英国的护航运输队造成严重的心理压力。为此英国和法国共派出 9 个游猎编队，包括一艘法国战列舰和英、法的若干艘巡洋舰和航空母舰，一心想要击沉这艘德国战列巡洋舰。12月13日，它在南美洲的拉普塔河口海战中被英国海军的一支巡洋舰编队重创，三天后在乌拉圭蒙得维的亚港被迫自沉。

当德国的"俾斯麦"号超级战列舰躲过英国人的视线进入大西洋时，英国皇家海军派遣了大量军舰前往拦截"俾斯麦"号超级战列舰，包括8艘战列舰及战列巡洋舰，2艘航空母舰，即皇家海军约半数的力量，才最终将"俾斯麦"号超级战列舰击沉。

第三，布设水雷，设置潜艇，袭击德国舰船。

英军水手给一门反潜炮填装深水炸弹

后来英国揭开德国磁性水雷的奥秘，研制扫雷具，改进扫雷方法，并在"惠灵顿"式飞机上安装探测装置，到1940年3月底，扫雷工作取得了显著的成绩。

第四，开发或寻找使用新技术，破坏德国潜艇的"狼群"战术，破坏敌人的布雷。

英国海军针对在护航中反潜能力薄弱的现状，从装备技术和体制上采取了一系列的措施，开发或使用新技术。例如，在技术上，盟军各种新型护航舰艇的出笼，雷达、声呐（ASDIC）、高频测向仪（HF/DF）等探测设备的改良以及刺猬弹等先进反潜武器装备的广泛应用，使从发现德国潜艇到将其击毁的整个过程变得迅速而有效。

第五，极力寻求盟友的帮助。

1941年美国通过了《租借法案》，英国借助美国强大的工业能力从美国得到了大量的援助。英国海军先是用一系列海军基地的租用权换取了50艘旧式驱逐舰执行反潜任务；尔后又把美国海军的护航航空母舰设计图直接拿过来使用，建造了大批护航航母。在本国生产能力不足的情况下，又将LST的图纸交给美国生产，并用大批的"美国自由轮"弥补了在潜艇战中损失的大批英国商船的缺口。没有美国的强力支援，英国独自支撑将会非常艰难，甚至大西洋海战也有失败的可能。

总的说来，英国海军在第二次世界大战中，战略上始终处于

英国海军向美国换回的旧式驱逐舰

防御的地位。战前英国海军奉行马汉以战列舰为主的海上决战思想，在战争初期其在大西洋地区实施过一系列以战列舰为主的海上作战。但是太平洋战争的爆发以及英国海军远东舰队主力在东南亚的覆灭，给英国海军以很大的触动。根据英国在第二次世界大战中所处的态势，英国海军迅速确立了"保破结合，保交为主"的海军战略方针，从而使本国海军逐步适应大西洋海战的需要，走向比较均衡。英国以海军为主，海空军密切配合，充分发挥各自作战空间上兵力的效能，使海军的兵力结构与担负的任务相适应，并逐步在大西洋海上交通线斗争中取得了主动权，从而最终取得了胜利。

英国"威尔士亲王"号战列舰

第二章
杀向大西洋

★德国海军司令雷德尔元帅心里很清楚，德国与英国海军实力相差悬殊，他在 1939 年 9 月 3 日的日记中写道："对英国和法国开始的战争过早，德国海军没有进行这次战争的足够兵力。"话虽如此，但在战争中德国人没有因此回避和英国海军作战，而是积极投入新锐战舰，大打出手。

★连英国首相丘吉尔也说："俾斯麦"号战列舰是一艘了不起的船只，是德国海军舰队的杰出之作。

★面对气势汹汹的德国，从伦敦的重重迷雾中传来了丘吉尔斩钉截铁地回答："我们决不投降！"

★英国的造船速度尚不足以弥补每月的海上损失，如果"俾斯麦"号战列舰再出现在大西洋上，英国的海上生命线将面临被切断的危险。

1. 德国海军 "复兴"

德国是欧洲的强国，但由于德国处于欧洲大陆中心的地理位置以及长期以来缺少海外利益，使其在19世纪70年代甚至到90年代，对海上力量并没有特别重视。这个国家传统上更重视陆军，说其为陆上强国一点也不为过，但忽视海上力量。直到德意志帝国建立，德国才有了第一支舰队。威廉二世的海军情结让德国海军开始得到

威廉二世

发展，不过也是为了保证德国在"阳光下的地位"。

在第一次世界大战中，苦心经营的德国海军在日德兰大海战中和英国海军交手。对于这场战斗，双方都自认为是赢家。舍尔率领的德国公海舰队以相对较少吨位的舰只损失，击沉了更多的英国舰只，从而取得了战术上的胜利。杰利科海军上将指挥的英国皇家海军本土舰队，成功地将德国海军封锁在了德国港口，使得后者在战争后期几乎毫无作为，从而取得了战略上的最终胜利。

根据《凡尔赛条约》规定，德国海军将被裁到 6 艘前无畏级战舰、6 艘轻型巡洋舰、12 艘驱逐舰和 12 艘鱼雷艇。所有其它德国

日德兰海战中的德国战列舰编队

军舰将根据达成的处理办法成为协约国的财产。德国海军的所有正在进行的建造项目被立即停止。德国人以后都不能拥有潜艇了。面对这个耻辱的时刻，德国军官和老兵们潸然泪下。

1919年6月21日，协约国下达最后通牒令的最后一天，英国护卫分舰队驶出了斯卡帕湾出海打靶训练，德国人以为是重新开战的证明。旗舰"埃姆登"号轻型巡洋舰发出了统一信号，各舰舰长马上命令打开进水门。几乎还没等留在湾里的英国人明白过来，德国军舰就在其停泊处沉没了。

德国的这一行动引起英法公众舆论的极大愤怒，德国被迫交出

德国水兵整齐地排列在船尾，不久后这艘舰将自沉

它剩下的 5 艘轻型巡洋舰、30 万吨的浮船坞和 4.2 万吨的挖泥船、拖船和起重船——这实际上是德国寂静的港口中所有的船只。

这样一来，第一次世界大战后德国海军无一艘可以作战的军舰，海军处于极度困苦的状态。尽管英国发还 8 艘老旧的战列舰，但这些舰除了用于训练及海岸防御外，不能做其它用途。除了这 8 艘老旧的战列舰外，德国还留有其它几艘过时的巡洋舰。心有不甘的德国人想尽办法突破条约限制，企图重振德国海上雄风。

1920 年，英国允许德国建造一艘不超过 6000 吨的巡洋舰。于是德国把握机会，于 1921 年 12 月 8 日动工建造"埃姆登"号巡洋舰，1925 年 10 月 25 日服役。该舰的标准排水量 5689 吨，长 155 米，宽 14.3 米，采用叶轮机锅炉装置，航速为 29.4 节，装有 8 座单联装 150 毫米主炮，防空火力为 2 门 37 毫米高炮和 6 座单联装 20 毫米机关炮。

随着时间的推移，德国的一些旧舰的下水时间超过了 20 年，按照条约规定可以建造替代舰。为此，德国先建造 3 艘 6000 吨级的巡洋舰。1926 年 4 月 14 日，"柯尼斯堡"级巡洋舰动工建造，首舰"柯尼斯堡"号巡洋舰于 1929 年 4 月 17 日服役；二号舰"卡尔斯鲁厄"号巡洋舰于 1926 年 7 月 24 日动工，1929 年 11 月 6 日服役；三号舰"科隆"号巡洋舰于 1926 年 8 月 7 日动工，1930 年 1 月 15 日服役。1928 年 4 月 4 日，德国又开工建造了"莱比锡"号巡洋舰，该舰属于"柯尼斯堡"级改型，于 1931 年 10 月 8 日服役。

"莱比锡"号轻型巡洋舰

　　1926 年，一种防护能力及火力较强的战列巡洋舰方案出台，该舰舰型采用高干舷平甲板，装甲可以抵御英国的重巡洋舰 203 毫米主炮的攻击；内部广泛采用隔舱化设计，最大限度地减少战斗损伤。最后这一方案通过后，被称为"德意志"级战列巡洋舰建造方案。德国在第二次世界大战前一共建了 3 艘体现这一设计思想的战列巡洋舰："德意志"号、"斯比伯爵"号和"舍尔海军上将"号。"德意志"级袖珍战列舰是德国海军在条约限制下充分发挥当时的技术优势，结合战术需求而精心设计建造的。设计的首要问题就是如何尽可能地将排水量限制在一万吨内，但又满足战列舰所要求的大航程和高速度，制造一种"有相当强的装甲防护能力、排水量大于巡洋舰，速度大于战列舰、火力超过巡洋舰的袖珍战列舰"。其解决之道就是使用柴油机作为动力源。当时"德意志"号袖珍战列舰的标准排水量为11700吨，超过1万吨，装有两座3联装280毫米主炮和8门150毫米副炮，最大航速28节。

1933年希特勒上台后对德国海军司令雷德尔表示，他不会建立一支向英国海军挑战的舰队，但德国要抗击法国的造舰计划。

1933年11月4日，一艘真正意义的新式巡洋舰"纽伦堡"号巡洋舰开工，1934年12月8日下水。

1934年，法国宣布开工建造"斯特拉斯堡"号战列巡洋舰。同

德意志级"舍尔海军上将"号袖珍战列舰

年2月，德国人开始追加海军拨款，出台了雷德尔策划的"德意志"级战列巡洋舰的改进方案，方案的主体内容是加强装甲防护并多加一座主炮。8月份，希特勒秘密下令，在一年内把海军的舰艇制造数量在《凡尔塞条约》规定的基础上增加一倍。

1935年5月16日，"沙恩霍斯特"级战列巡洋舰开工建设。"沙恩霍斯特"号战列巡洋舰于1935年5月16日开工，1939年1月7日服役；姐妹舰"格奈森诺"号战列巡洋舰于1935年5月6日开工，1938年5月21日服役。

1935年6月18日，英国和德国签定一项海军协议，允许德国建造相当于英国海军舰艇总吨位35%的舰船，另外还允许德国建立

"沙恩霍斯特"号战列巡洋舰和"格奈森诺"号战列巡洋舰编队航行

一支舰队。有了这个海军协议，就等于基本废除了《凡尔塞条约》对德国海军军备发展的所有限制。于是德国抓住这个机会，决定建造大型远洋巡洋舰。

德国结合其他国家大型巡洋舰的使用情况和自己的思路后认为，具有大型化、续航力强、火力猛、防御性好等特点的重型巡洋舰应该更多地应用于破交战。为此要求新式重型巡洋舰标准排水量控制在 1.2 万吨以内（建成后超过了这一标准），安装火力强、射程远、射速高的双联装 203 毫米主炮，为了对付空中威胁，该舰还决定装备双联装 105 毫米高射炮。

这种新式重型巡洋舰被命名为"希佩尔海军上将"号，共开工建造 5 艘。首舰"希佩尔海军上将"号重型巡洋舰于 1935 年 7 月 6 日动工，1939 年 4 月 29 日服役；二号舰"布吕歇尔"号重型巡洋舰于 1935 年 8 月 15 日动工，1939 年 9 月 20 日服役；三号舰"欧根亲王"号重型巡洋舰于 1936 年 4 月 23 日动工，1940 年 8 月 1 日服役；四号舰"塞德利茨"号重型巡洋舰于 1936 年 12 月 29 日动工，一直到第二次世界大战结束也未完工；五号舰"吕佐夫"号重型巡洋舰于 1937 年 8 月 2 日开工，1939 年还在建造中时卖给苏联，苏联将其改名为"彼得罗巴莆洛夫斯克"号重型巡洋舰。

1932 年，德国海军就开始对建造 3.5 万吨级战列舰进行了理论性研究，并对其武备、装甲和航速进行了可行性论证。1934 年，德国海军边准备建造两艘战列舰用来替代过时的"汉诺威"号前无畏舰和"石勒苏益格——荷尔斯泰因"号前无畏舰。1935年，英德海军协议签定后，两艘战列舰的合同图纸和设计任务书顺利出台。1936年，日本和意大利拒绝在《伦敦海军条约》上签字，德国趁机名正言顺地建造起更大排水量和主炮的战列舰。

1936年7月1日，德国开始建造"俾斯麦"级战列舰，首舰"俾斯麦"号战列舰在汉堡的布隆——富斯造船厂铺设龙骨，1940年8月24日服役。二号舰"梯比兹"号战列舰于1936年10月30日开工，1941年2月25日服役。"俾斯麦"级战列舰的整体防御设计，基本就是第一次世界大战"巴伐利亚"级战列舰的再现，只随吨位的加大采用了更多的水密隔仓和更厚的隔仓装甲板。上层建筑

"希佩尔海军上将"号重巡洋舰，其外观与"俾斯麦"号战列舰相似

更是直接放大了"希佩尔"级巡洋舰的上层建筑，使得"俾斯麦"号战列舰和"希佩尔"级巡洋舰的外形一模一样。

★第二次世界大战中战舰等级划分

第二次世界大战中战舰等级的划分主要依据《华盛顿海军条约》和《伦敦海军条约》，大体规定如下：

1. 战列舰

规定主炮口径大于203毫米的战舰为战列舰，单舰排水量不得超过35000吨，主炮口径不超过406毫米。

典型：英国纳尔逊级，35000吨，3座3联406毫米主炮。

第二次世界大战中有名的战列舰有英国的"威尔士亲王"号战列舰、"英王乔治五世"号战列舰、"胡德"号战列巡洋舰，美国的"衣阿华"号战列舰，德国的"俾斯麦"号战列舰，日本的"大和"号战列舰和"武藏"号战列舰等。

2. 重巡洋舰

规定排水量不超过10000吨，主炮口径大于152毫米但小于203毫米。

典型：日本妙高级，8900吨，4座双联203毫米主炮。

3. 轻巡洋舰

规定排水量不超过10000吨，主炮口径小于152毫米。

典型：美国布鲁克林级，5座3联152毫米主炮。

英国水兵正在擦拭"罗德尼"号战列舰上的 381 毫米主炮

4. 驱逐舰

即大型雷击舰，以鱼雷作为主要武器，火炮为辅助武器的中型战舰，主炮口径不超过 127 毫米。

5. 护卫舰

以火炮、深水炸弹为主要武器，航速低于驱逐舰，执行反潜任务。

6. 航空母舰

排水量大于 10000 吨小于 27000 吨，主炮口径小于 203 毫米，以舰载机为主要武器。

2. "不沉的海上堡垒"

早在纳粹上台不久，希特勒就无视 1922 年的《华盛顿海军协定》和 1935 年的《英德海军协定》，在极端保密的情况下开始建造"俾斯麦"号战列舰。它集中了德国当时最先进的技术和最精湛的工艺，一心想打造成世界最强的战列舰。

1936 年 7 月 1 日，"俾斯麦"号战列舰的龙骨在汉堡布伦姆斯福斯船厂铺设完毕。代号为战列舰 F 号的"俾斯麦"号战列舰是以

"俾斯麦"号战列舰

当时最先进的法国"敦刻尔克"号战列舰作为假想敌进行设计的。

1939年2月14日，希特勒出席"俾斯麦"号战列舰的下水仪式，并且授予了该舰原德国帝国总理俾斯麦的名字。它从船顶到船底共有17层楼高，长度相当于三个足球场，满载排水量5.3万吨，航速达30节，装有381毫米主炮8门、中小口径高平两用炮40余门，并搭有4架水上飞机，而舷装甲最厚处有320毫米，被誉为"不沉的海上堡垒"。"俾斯麦"号战列舰最终服役日期为1940年8月24号。

下面主要从几个方面来分析"俾斯麦"号战列舰的技术指标。

第一，武器系统。

"俾斯麦"号战列舰有4门最大射程为35 550米的381毫米主炮，它们两前两后地分布在舰首和舰尾。主炮配备被帽穿甲榴弹，用于打击大型水面目标，同时也配备了高爆榴弹用于袭岸和对空作战。

1934年设计"俾斯麦"号战列舰时，SKC/34火炮是同等级的火炮中威力最强大的型号。双联装甲炮塔每个重量达1056吨，安装在滚柱座圈上，座圈为直通底舱的装甲竖井。"俾斯麦"号战列舰测距仪和雷达能够连续测距和跟踪目标，同时控制主炮塔随动。SKC/34炮单个身管射速为每分钟2.4发，而在德国的轮流射击模式下，能够使目标每分钟遭到5次较为准确的4弹齐射。381毫米的SKC/34炮配用三种弹药：第一种为被帽穿甲弹，主要用于打击重型装甲目标。第二种为配弹底引信的高爆榴弹，主要用于射击轻装甲目标，能够穿透巡洋舰和驱逐舰的舰壳钢板。第三种为配弹尖引信的高爆榴弹，能够用于射击非装甲目标，安装空炸引信后，能够用于对空射击。凭借这种远程的主炮，所以"俾斯麦"号战列舰可以

"俾斯麦"号战列舰的塔式舰桥从正面看去十分高大

对陆上和水上的目标进行毁灭性的打击。

　　"俾斯麦"号战列舰担负反海面目标，并兼顾对空射击的副炮为6门最大射程23 000米的SKC/28型150毫米双联装炮，射速为每个身管每分钟8发。"俾斯麦"号战列舰上的对空火力包括8门SKC/33型双联装105毫米高炮、8门SKC/30型双联装37毫米高炮、10门MGC/30型20毫米机炮和8门4联装FlACK/38型20毫米高

"俾斯麦"号战列舰主炮生产车间

炮。在舰首的 4 门 105 毫米防空炮为老式的 C/33 型号配 C/31 式双联炮架，而舰尾的另 4 门防空炮配的是新式 C/37 式炮架。原本"俾斯麦"号计划在完成"莱茵河演习"行动之后，所有的舰首炮架也都换上 C/37 型的炮架，不过一次出战就悲壮殉职的"俾斯麦"号战列舰没有这个改造的机会了。

第二，结构与装甲。

装甲防护是"俾斯麦"号战列舰最为引人瞩目的方面，它采用了"全面防护"的装甲防护模式。在 1941 年 5 月 27 日最后时刻，英国皇家海军大量的炮弹倾泻也未能将其完全摧毁，舰体没有如通常的战列舰或战列巡洋舰那样被爆炸不断撕开巨大的破口，也没有出现结构分崩离析的情况，这说明"俾斯麦"号战列舰的防护设计非常到位。

"俾斯麦"号战列舰总重量为 46 980 吨，而装甲板重量为 18 700 吨，占结构总重的 40%。相比之下，日本海军的"大和"号战列舰虽然结构总重达到了 69 100 吨，但装甲总重量仅有 22 895 吨，占结构重量的 33%，比"俾斯麦"号战列舰低 10%。号称"日本帝国梦幻战舰"的"大和"号战列舰，很多部位的防护设计并不如"俾斯麦"号战列舰。

第一次世界大战后，德国就开始了特种结构钢和装甲钢的研制。"俾斯麦"号装甲防护设计主要分为垂直防护、水平防护和水线下防护。

所谓垂直防护主要是指垂直安装的装甲板和结构的设计，主要针对上层建筑的指挥塔和炮塔等重要部位以及舰体水线以上部分，但实际上舰体垂直防护装甲一直延伸到了水线以下。"俾斯麦"号战列舰采用了德国设计的"伸展型装甲堡式结构"——在舰体中部用装甲板围成防护圈结构，主装甲带采用厚度为 320 毫米的克虏伯渗碳装甲钢，"俾斯麦"号战列舰全部的重要部位都在装甲带保护之下，仅有舰舷和舰舵部分没有装甲。"俾斯麦"号战列舰装甲带的厚度超过了第二次世界大战中坦克正面装甲厚度，甚至超过了第二次世界大战后到 1980 年代前的主战坦克炮塔正面装甲厚度。

建造中的"俾斯麦"号战列舰

在主装甲带以上的上层甲板到露天甲板的中央装甲堡范围内，舷墙板结构采用145毫米克虏伯渗碳钢，用以保护通往炮塔底座甲板和主装甲带甲板的舱室和通道。包括水上飞机库在内，都设在这个装甲带内。

"俾斯麦"号战列舰对舱室安排是颇费心思的，"俾斯麦"号战列舰主炮弹药舱都布置在处于水线以下的底舱，而且弹药舱顶部的甲板位于水线以下，并采用倾斜布置，厚度达120毫米，与外舷主装甲带320毫米的装甲和炮塔底座的220毫米装甲连成一体。在炮塔底座装甲到外舷主装甲带之间，还有一道垂直的30毫米装甲墙，专门防护穿透主装甲带的重型被帽穿甲弹战斗部以及鱼雷爆炸冲击，同时也加强了战舰纵向结构强度。这使得水面舰艇的火炮无论从任何角度射击，都不可能直接命中"俾斯麦"号战列舰弹药舱，也不会直接命中弹药舱的防护装甲。

"俾斯麦"号战列舰的抗沉结构除装甲和纵隔舱结构外，更主要的是横隔舱结构。战舰共划分为22个防水隔舱壁，其中17个位于中央堡装甲带之中。侧舷装甲带能够限制爆炸破口不会扩大，不会像"泰坦尼克"号那样整个隔舱段进水，仅仅是个别舱段的舷侧部分舱室进水。

水平防护通常指甲板的装甲和相关结构。"俾斯麦"号战列舰装甲甲板主要是露天上甲板和水线甲板。80毫米厚度的露天上甲板覆盖全船，"俾斯麦"号战列舰的甲板支撑梁长度被装甲舷板和中部装甲墙分为三部分，长度短且垂直支撑强度大。相比之下，日本和英国战列舰通常是依靠支柱和纵向隔板支撑，强度相对小，而且这些非装甲结构在爆轰作用下容易垮塌，这也是"俾斯麦"号战列舰比日本战列舰坚固的原因。水线甲板为第三层甲板，这层甲板装甲采用传统弓背型结构。

防护的另一个重点是炮塔，主炮炮塔是容易中弹的部位。"俾斯麦"号战列舰上的4座主炮塔正面装甲厚度为360毫米，炮塔座圈装甲厚度为340毫米，侧面为220毫米，斜顶和顶部装甲分别为150毫米和130毫米。最有特色的是炮塔后部装甲厚度为320

"俾斯麦"号战列舰上搭载的水上飞机

毫米。副炮炮塔主要采用 40 至 100 毫米的克虏伯渗碳钢装甲，其中炮塔正面装甲厚度为 100 毫米，座圈装甲厚度为 80 毫米，侧面、顶部及后部为 40 毫米厚度。"俾斯麦"号战列舰副炮布置在上层建筑侧面，只具有对舷侧的射角，因而在炮战中不存在后部暴露问题。

它的 TDS（鱼雷防御系统）设计为抵御 250 千克 TNT 的水下爆破，实际上可以抵御 400 千克 Hexanite 烈性炸药。

第三，舰载飞机及人员配备。

"俾斯麦"号战列舰上共载有 4 架阿拉道 Ar-196 飞机，装有可向上折起的机翼和火力强悍的武装，负责敌情侦查和空中警戒。两架全副武装的飞机安装在位于烟囱旁边时刻处于战备的吊车上，同时还有两架储藏于舰尾中可以进行维修的修理车间中。两个正反两方向安装的起飞加速器设立于军舰的中间，并且可以保持一个利于飞机起飞的一个起飞斜度——一个从高于甲板面 32 米延展到 48 米高度的斜坡。降落的时候他们必须先落在水面上，然后再由侧舷边的 12 吨吊车收回来。

舰上船员正常配置为 2065 人，其中有 103 名军官，外加上后来在德国极为有名的舰上宠物奥斯卡（Oskar）。船员共分为 12 个分队，每个分队由 150 人到 200 人组成。每个分队再由最少两个下分队为附属，而下分队是由 10 到 12 人的连队组成的。

给养在舰上的炮兵甲板上设有两个各由 6 到 8 人负责的食堂。

每个食堂再分为三个就餐区,其中两个为士兵使用,一个专门为军官们使用。在食堂中一样可以买到如香烟、啤酒、甜食和书写用具等等用品。舰上共装有 25 000 份配餐量的食品为储备。将近 2200 人的船员可以在海上无特殊补充地生活大约四个月的时间。

得知德国超级战列舰"俾斯麦"号战列舰下水,英国海军极为震惊,连英国首相丘吉尔也不禁感叹,那是"一艘了不起的船只,海军舰队的杰出之作"。

★俾斯麦:德国的"铁血宰相"

"对于意志永不屈服的人,没有所谓的失败",这是俾斯麦案头的一句座右铭,从这句话中就可以看出这位被后人称之为"伟大年代的英雄"的秉性:自负而强硬,具有极强的信念贯彻能力。

俾斯麦 1815 年 4 月 1 日出生于普鲁士勃兰登堡一个容克贵族世家,从小狂放而又机智。他年轻时外出旅行,住进了一家旅社。俾斯麦的房间没有电铃,于是他把旅馆的主人叫来,要求装一个电铃,遭到拒绝。等旅馆主人走了以后,俾斯麦掏出手枪来"砰!砰!"地连放几枪。大惊失色的旅馆主人跑回来说:"你怎么可以无缘无故地乱放枪?"俾斯麦若无其事道:"我在叫茶房呀!"于是那晚,他的房间马上装了电铃。

1830 年,欧洲大陆连续发生大规模革命,俾斯麦深切感受到国家四分五裂的痛苦,从而在内心深处萌发了统一德国的念头。1832

年，俾斯麦考上柏林大学。在当年美国独立战争纪念日上，他同自己的美国朋友莫特利用 25 瓶香槟酒打赌：25 年内德意志必然统一。在大学的三个学期中，他总共进行了 25 次决斗，有一次受了重伤缝了 14 针。

1851 年 5 月 11 日，年仅 36 岁的俾斯麦作为一名新代表进入法兰克福德意志联邦议会。当时奥地利在各邦中势力最为强大，在议会中有一个不成文的惯例，就是只有担任主席的奥地利人才有权吸

俾斯麦

烟。俾斯麦在一次会议中，当主席抽出一支雪茄烟时，他立即拿出一支烟，并向主席借火点燃，大模大样地抽了起来，以此表明普鲁士与奥地利是平起平坐的。当时普鲁士国力正处于拿破仑战争后的薄弱时期，很难争取真正的平等，但俾斯麦这一举动令主席和其他各邦代表刮目相看。

俾斯麦做梦都想击败奥地利，统一德国。他甚至公开鼓吹要满足奥地利的要求来让德国统一。不过，当他当上首相后，立即对德国公众说："对于一个外交家来说，最大的危险就是抱有幻想。"并立即想方设法对奥地利宣战。

1862年6月，俾斯麦迎来人生最重要的转机，普鲁士国王威廉一世任命他为普鲁士首相兼外交大臣。从此他得以在德国统一大业中一展才华，成为"千古名相"。当年9月，在普鲁士议会的首次演说中，他大声宣称："当代的重大问题不是议论和多数人投票能够解决的，有时候不可避免的要通过一场斗争来解决，一场铁与血的斗争。"

至1871年，俾斯麦相继发动了对丹麦、奥地利和法国的战争，逐步实现了德国统一。三场战争的胜利将俾斯麦推向了权力与荣耀的巅峰，此时的俾斯麦展现出一位战略大师所应有的冷静与理智，他努力抑制住了国内的扩张倾向，其构建的蛛网般复杂的欧陆同盟体系让第二帝国享受了40多年的和平，德国充分抓住这一战略机遇对英法完成了赶超。

1888 年 3 月 9 日，威廉一世逝世，其子腓特烈·威廉继位，称为腓特烈三世，不过在即位 99 日后随即病故。结果其子威廉二世继位，时年 29 岁。这位年少气盛的少年皇帝与 73 岁的俾斯麦不和。最终俾斯麦在 1890 年 3 月 18 日向威廉二世辞职。下野之后，俾斯麦长居于汉堡附近的弗里德里希斯鲁庄园。1898 年 7 月 30 日，这位名震天下的铁血宰相悄悄离世，享年 83 岁。

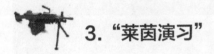

3. "莱茵演习"

1940 年 6 月，德国占领了整个西欧，北起挪威、南迄西班牙的全部大西洋已被德国控制，英伦三岛陷入了困境。此前，英军在敦刻尔克大撤退中损失了大量的武器装备，只剩下了 500 门火炮和 200 辆坦克。空军也受到重创，仅余下 1300 多架作战飞机。至于海军也因德国海空军的封锁，失去了与法国舰队联合作战的条件。

英国从海上霸权封锁者的地位，变成为被封锁者，形势岌岌可危。希特勒为了对付苏联，想避免两线作战，对英国进行拉拢，诱其妥协投降。当德国向英国提出"和平建议"的同时，在与英国隔海相望的西欧沿海各港口，趾高气扬的德军征集了 4000 多艘船只，能运载 50 万军队，大有一举踏平海峡、征服不列颠的势头。面对

敦刻尔克大撤退中狼狈不堪的英法联军

气势汹汹的德军，从伦敦的重重迷雾中传来了新首相丘吉尔斩钉截铁的回答："我们决不投降！"

1940 年 7 月 6 日希特勒做出了对英国实施"海狮计划"的作战决定。希特勒曾扬言：以空军这把钥匙就足以打开英国防御之大门。希特勒原先计划在航空兵的支援下强渡英吉利海峡，后因船只准备、后勤供应和天气等方面存在着许多难以克服的困难，最后决定单纯以空中进攻迫使英国投降。整个不列颠之战其实就是大规模

德国空军元帅戈林

的空袭与反空袭作战。

为了实施空中进攻作战，德国空军集中了3个航空队，作战飞机2400余架。而当时的英国只有防空歼击机700架，高炮200门，还有轰炸机500架，在兵力上处于劣势。

8月2日，德国空军总司令戈林下达指令实施"海狮计划"。他的打击目标是：打垮英国皇家空军；取得英格兰南部的制空权；攻击英国舰队。面对强大的德国空军，英国皇家空军运用灵活的战略战术，避实就虚，在英伦三岛的天空中与德军展开英勇的斗争。

8月13日，德国空军开始大规模空中攻击，德军480多架轰炸机在1000多架战斗机的掩护下，对英格兰南部及东南部沿海地区的雷达基地、机场进行狂轰滥炸。英军虽对此早有准备，但在随后数日的战斗中仍损失飞机446架，飞行员死伤231人。不仅如此，英国南部的5个机场也遭到严重破坏。更糟的是，英军部署位置最关键的7个雷达站中有6个被炸，整个通信系统已经濒临被摧毁的边缘。英国空军的战斗机尽量避免与纳粹的战斗机交战，集中力量对付敌人的轰炸机。这种战略十分有效，希特勒没能为他的陆军大举入侵扫清空中障碍，入侵日期不得不一再推迟。

1940年8月23日晚在一次小规模的轰炸行动中，一架德军轰炸机由于天气原因，迷失了航向，误飞到伦敦上空投下了炸弹。英国皇家空军为报复伦敦被炸，于1940年8月25日派出81架轰

德国空军战斗机群飞过英吉利海峡

炸机空袭德国首都柏林，同时对其他一些德国大城市进行了小规模轰炸。

1940年9月7日晚，英国皇家空军对柏林的空袭激怒了希特勒，已经完全占据上风的德国空军改变轰炸目标，集结1200多架飞机对伦敦进行大规模的报复性轰炸。希特勒认为轰炸伦敦，可以使英国首都陷入混乱，使英军统帅部瘫痪，这样德军的登陆任务就可能简化，甚至不登陆也可以迫使英国投降。

　　希特勒的决定也曾遭到德军中许多人反对，但空军元帅戈林则坚决拥护，他企图在空袭伦敦的过程中，诱敌空战，把英国飞机消灭在空中，不过德国的如意算盘打错了。正是此举，给了英军喘息的机会。利用这个短暂的时机，英军抽调大量人力、物力修复被炸毁的飞机跑道，维修受损飞机。那一时期，虽然伦敦、考文垂、伯明翰、曼彻斯特、利物浦、普利茅斯等几个大城市都沉浸在一片火

伦敦遭到轰炸时的情景

海中，受到严重损失。但是，作为战争有生力量的英国空军却保存了下来，并很快恢复了战斗力，重创了德军，保卫了英国，并一直坚持到最后。

1941 年 5 月，德国空军主力调往德苏边境地区，准备参与入侵苏联的行动。英伦三岛上空的战斗虽然仍在进行，但德国空军"常胜不败"的神话已被彻底粉碎，"海狮计划"也在无形之中被取消了。

进入 1941 年 5 月，英国所面临的局势更加险恶，大西洋上猖獗的"海狼"几乎就要掐断维系英国命脉的大西洋航线；南欧德军的铁蹄已经踏上了南斯拉夫和希腊；隆美尔的沙漠军团正席卷北非……德国海军总司令雷德尔决心在这有利时机，再次派出大型水面舰艇突入大西洋，给英国捉襟见肘的海上运输再插上一刀！德军计划将停泊在波罗的海的"俾斯麦"号战列舰和"欧根亲王"号重巡洋舰调往法国，与"格奈森诺"号战列巡洋舰和"沙恩霍斯特"号战列巡洋舰会合，组成实力空前强大的舰队杀入大西洋，作战代号"莱茵演习"。

希特勒军队控制了北非后，开始加紧东侵苏联的准备。希特勒把入侵苏联的"巴巴罗萨计划"的执行日期定为 6 月 22 日。为了策应这一行动，将盟军注意力集中于大西洋，德国海军总司令雷德尔决定派遣海军上将吕特晏斯率领"俾斯麦"号超级战列舰、"欧根亲王"号重型巡洋舰和"沙恩霍斯特"号重型巡洋舰、"格奈森诺"号重型巡洋舰组成舰队，分兵两路出击北大西洋，夹攻盟军海上运输线。"俾斯麦"号超级战列舰和"欧根亲王"号重型巡洋舰在北路；"沙恩霍斯特"号重型巡洋舰、"格奈森诺"号重型巡洋舰为南路。然而，机警的英军发现"沙恩霍斯特"号重型巡洋舰和"格奈森诺"号重型巡洋舰停泊在布勒斯特港，便不断派出飞机进行空袭，重创了这两艘重巡洋舰。

作为此次大规模海上破袭战的前期准备，雷德尔向大西洋先派出了2艘补给舰、5艘油船，并将德国运输船伪装成中立国船只在大西洋航线上搜集情报。可惜，"沙恩霍斯特"号重型巡洋舰在破袭战中的损伤还没有修复，"格奈森诺"号重型巡洋舰则在4月的空袭中被英国飞机炸伤，原定四舰联手出击的计划无法实现，雷德尔只好将计划稍作调整，仅投入"俾斯麦"号战列舰和"欧根亲王"号重巡洋舰，两舰先驶往挪威的卑尔根，再利用大雾掩护从冰岛以北杀入大西洋。

好在这两舰实力也不弱，尤其是"俾斯麦"号战列舰，作为第四艘以德国著名的铁血宰相俾斯麦命名的军舰，更是德国海军的骄傲，号称是"不沉的海上堡垒"。

担任海上指挥的就是曾指挥"四轮车"作战的吕特晏斯海军上将。此人在海上征战几十年，经历过第一次世界大战时的日德兰大海战，可说是经验丰富、沉着稳重。

作为精通海军战术的专家，他仔细研究了双方的情况。在他看

在"欧根亲王"号重型巡洋舰上拍摄到的"俾斯麦"号战列舰

来，此时的英国处于下风，但英国海军实力远远超过德国海军，特别在北大西洋上，英国海军占有绝对优势，单凭"俾斯麦"号战列舰和"欧根亲王"号重型巡洋舰两舰，势单力孤，贸然出击极有可能会遭英军优势兵力的围攻，因此建议推迟作战，等"格奈森诺"号战列巡洋舰和"沙恩霍斯特"号战列巡洋舰修复后再一起出动。但雷德尔认为一方面目前正是英国处在艰难困苦中的关键时刻，机不可失；另一方面希特勒也希望海军能尽早有所建树，对海军压力颇大，所以拒绝了这一正确建议。

1941年5月18日晚，两艘庞大的黑色舰影悄悄从德国波罗的海沿岸港口格丁尼亚（今波兰境内）驶向远海。行驶在前面的是刚完工服役的巨型"俾斯麦"号战列舰，后面伴随的是"欧根亲王"号重巡洋舰。"俾斯麦"号战列舰舰长是林德曼，他 1918 年就加入了德国帝国海军。同时坐镇此舰的还有吕特晏斯。

★ "沙恩霍斯特"号战列巡洋舰

"沙恩霍斯特"级战列巡洋舰"沙恩霍斯特"号和"格奈森诺"号是第二次世界大战中德国海军最富有传奇色彩、战绩最大的舰只。其排水量与英国的战列舰相当、速度与巡洋舰相当、装甲厚度又大于巡洋舰，可火力又介于战列舰与巡洋舰之间。其结果是英国的战列舰追不上，巡洋舰打不过。因为"沙恩霍斯特"级战列巡洋舰具有意想不到的古怪特点，它们像两条鲨鱼，既凶猛，又难捉。

1940 年 4 月 2 日，"沙恩霍斯特"号战列巡洋舰和"格奈森诺"号战列巡洋舰执行"威悉河演习"。计划 6 月 4 日两舰与"希佩尔"号重巡洋舰、4 艘驱逐舰结伴驶出基尔，执行"朱诺"计划。由于德国海军并不知道盟军的撤退计划，发现盟军云集纳尔维克，只得派"沙恩霍斯特"号战列巡洋舰等舰专门袭击来往于北海的防御能力薄弱的补给船，并于 8、9 日炮击盟军在挪威北部的主要补给站哈斯塔德，以便为陆军登陆纳尔维克创造条件。

纳尔维克的撤退进展很快。英国"光荣"号航空母舰因耗费了

劈风斩浪航行中的"沙恩霍斯特"号巡洋舰

过多的燃料，无法与其他军舰一起高速返航，只得在"热情"号驱逐舰和"阿卡斯塔"号驱逐舰的护卫下，用巡航速度向西航行。正横拦在英国舰艇航线上的"沙恩霍斯特"号战列巡洋舰和"格奈森诺"号战列巡洋舰在6月8日遇到一艘油轮和为其护航的武装拖网渔船。一顿乱炮后，可怜的油轮和其护航船只葬身茫茫大海。接着又碰见空载返回英国本土的一艘"奥拉马"号运兵船和一艘"阿特兰蒂斯"号医院船，这次德国人颇有骑士风度，尊重"阿特兰蒂斯"号医院船的豁免权，击沉了运兵的"奥拉马"号运兵船。当天下午，"希佩尔"号重型巡洋舰和驱逐舰回到了特隆赫姆，但两艘战列巡洋舰则仍继续在海上游弋。

下午16点，"沙恩霍斯特"号战列巡洋舰与"格奈森诺"号战列巡洋舰发现的黑烟正是英国的"光荣"号航空母舰编队所在位置。"光荣"号航空母舰因其烧的是煤，所以老远就被"沙恩霍斯特"号战列巡洋舰看到了。载满了飞机的"光荣"号航空母舰，竟然对德国的战列巡洋舰的位置毫无察觉。当他们发现前方的"沙恩霍斯特"号战列巡洋舰和"格奈森诺"号战列巡洋舰逼近时，一切都晚了。

"沙恩霍斯特"号战列巡洋舰首先在25 603米处首次齐射。在这个距离上，"光荣"号航空母舰的120毫米单管炮是完全无用的。护航的两艘驱逐舰"阿卡斯塔"号驱逐舰、"热情"号驱逐舰也勇敢地插到航空母舰和德国战列巡洋舰之间施放烟雾，设法掩护"光

被"沙恩霍斯特"号战列巡洋舰和"格奈森诺"号战列巡洋舰击沉的"光荣"号航空母舰

荣"号航空母舰逃离。

"阿卡斯塔"号驱逐舰在烟雾后向"沙恩霍斯特"号战列巡洋舰和"格奈森诺"号战列巡洋舰发射了一批鱼雷,随后穿出烟雾,转向右舷转向,发射左舷的鱼雷。这时"阿卡斯塔"号驱逐舰和高速驶来的"沙恩霍斯特"号和"格奈森诺"号战列巡洋舰迎头相向,双方距离不到 3000 米。"阿卡斯塔"号驱逐舰的前、后部两组鱼雷发射管对"沙恩霍斯特"号战列巡洋舰和"格奈森诺"号战列巡洋舰进行齐射。在鱼雷射出后不久,一条鱼雷击中"沙恩霍斯特"号战列巡洋舰。英国驱逐舰的反击完全出乎"沙恩霍斯特"号战列巡洋舰的意料。"阿卡斯塔"号驱逐舰又钻回到自己的烟雾中,并再次向右舷转向"准备发射剩余的鱼雷"。由于被鱼雷击中导致"沙恩霍斯特"号战列巡洋舰的 C 炮塔失灵并进水 2500 余吨。

很快"热情"号驱逐舰首先被击沉入海,"阿卡斯塔"号驱逐舰也被"沙恩霍斯特"号战列巡洋舰上的炮弹打中,不久后发生爆炸沉入海底。

"光荣"号航空母舰曾企图把它的鱼雷轰炸机升空作战,但没有等到飞机起飞,它的前飞机棚以及甲板便被"沙恩霍斯特"号战列巡洋舰的 280 毫米舰炮击中起火,将旋风式飞机烧毁,并使鱼雷不能由舱下吊上来装在轰炸机上。紧接着"光荣"号航空母舰发生了剧烈的爆炸,在以后的半小时内,它受到了"沙恩霍斯特"号战列巡洋舰和"格奈森诺"号战列巡洋舰的更为沉重的打击,使它完全失去逃脱的机会。

5 点 20 分,"光荣"号航空母舰的舷侧严重地倾斜。于是舰长下令撤离该舰。大约在 10 分钟后,"光荣"号航空母舰便沉没了。

1474 名皇家海军的军官和士兵,41 名皇家空军人员,在这次战斗中牺牲了。虽然经过长时间的搜寻,只有一艘挪威船救起了 39 人,送回了英国。此外有 6 个人被德国船只救起,带到了德国。受到重创的"沙恩霍斯特"号战列巡洋舰驶回了特隆赫姆。这是战列舰巨炮击沉航空母舰的唯一战例，"沙恩霍斯特"号战列巡洋舰从此名声大噪。

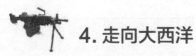

4. 走向大西洋

1941 年 5 月 18 日晚，"俾斯麦"号巨型战列舰和"欧根亲王"号重巡洋舰悄悄地从德国波罗的海沿岸港口格丁尼亚（今波兰境

希特勒在"俾斯麦"号战列舰上视察

内）驶向远海，实施"莱茵演习"计划。

纳粹德国元首希特勒对"俾斯麦"号战列舰这个庞大的铁家伙极为喜爱，他亲切地称之为"不沉的海上堡垒"，他对这次的"莱茵演习"计划充满信心。在"俾斯麦"号战列舰出航前的5月5日，希特勒专门赶到格丁尼亚，接见了吕特晏斯和全舰1600名官兵，并参观了"俾斯麦"号战列舰，给全舰官员打气。

当时舰上的成员除了1600名官兵，为了配合"莱茵演习"行动，舰上又加上了75名舰队指挥部官员以及一支由一名军官带领的80人仪仗队。此外，还有一些从德国宣传部派来深入生活的观察家、记者和摄影师。在德国人的眼中，这是一艘拥有铁血宰相威名的希望之舰，是德国海军的骄傲和光荣。

当时，北海已被英国人封锁，要想进入大西洋，出波罗的海海峡后必须沿挪威海岸北去，经过北极圈内的挪威海，然后再转头南下冰岛和格陵兰岛之间的丹麦海峡。"俾斯麦"号战列舰预定的航线，也正是这样一个环绕北大西洋的大弧形。为了不被英国人觉察，海军部严格封锁了消息。除雷德尔和有关的几个人外，其他人对这次出航一无所知。

自去年6月法国败降以来，英国处境危急，它赖以生存的大西洋海上运输线极为脆弱。德国的"狼群"——潜艇部队正以惊人的速度击沉英国商船，这时皇家海军正全力投入反潜作战，力量显得非常紧张，简直可以说是捉襟见肘了，在最好的情况下也只能为每支运输船队配备一艘大型护卫军舰。被德国击沉的英国商船无数，每月以 50 万吨左右的速度直线上升。英国这样的岛国一旦失去外部的供给，等待它的唯有毁灭！一旦这两艘军舰蹿入大西洋来狙击英国运输船，如果用"俾斯麦"号战列舰缠住并摧毁船队的大型护卫军舰，而"欧根亲王"号重巡洋舰收拾其余的护航船只，在击沉了英国海军的护卫军舰后，就可以消灭整个运输船队了。如果计划

埃里希·雷德尔

成功，这样的胜仗的效果几乎可以等同打赢一场大型的陆地战斗。而英国的海上生命线一旦被切断，战争胜利的天平将立刻向德国人的方向倾斜。德国人踌躇满志。

而此时的英国人正处于惶惶不安的状态中，因为他们很清楚，英国海军暂时没有一艘战舰能与"俾斯麦"相匹敌，一直极为关注它的动向，担心这匹凶狠的狼蹿入大西洋。早在5月初，格陵兰岛和扬马延岛之间德军侦察机频频出现，英国本土舰队司令海军上将约翰·托维爵士就敏锐地判断出，这一罕见情况必定是德军大型军舰企图杀入大西洋的前兆！随即加强了对冰岛附近海域的监视。

1941年5月19日，"俾斯麦"号战列舰和"欧根亲王"号重巡洋舰从波兰格丁尼亚港悄然出航，于5月21日驶入卑尔根东南的科尔斯峡湾。它们向北远航，绕过冰岛，准备通过丹麦海峡进入大西洋。就在德国军舰穿越卡特加特海峡时，两舰被瑞典海军的一艘"哥得兰"号巡洋舰发现，并立即通报了英国。就在两舰悄悄起航时，潜伏在当地的英国线人已经向伦敦发出密报：停在波兰格丁尼亚港的"俾斯麦"号战列舰和"欧根亲王"号重巡洋舰不见了。

"俾斯麦"号战列舰出海的消息立即震动了英国海军部。对付大西洋上那些神出鬼没的德国潜艇，已经使他们焦头烂额。英国的造船速度尚不足以弥补每月的海上损失，如果"俾斯麦"号战列舰再出现在大西洋上，英国的海上生命线将面临被切断的危险。丘吉尔命令：在"俾斯麦"号战列舰进入大西洋作战海域之前，必须不惜一切代价击沉它！

接到瑞典的通报后，为了确认这一信息，5月21日，英国海空军出动了所有的空中侦察力量对挪威海岸进行侦察。机场上，喷火式侦察机轰鸣着，一架接一架的起飞，前去执行侦察任务——搜索挪威整个的犬牙交错的海岸。

当天下午，英国空军飞行员米切尔·塞克林中尉驾驶的喷火式战斗机在挪威卑尔根格里姆斯塔峡湾终于发现了两个巨大的目标，冒着猛烈的炮火，飞机在目标上空盘旋、辨认，然后拍下了清晰的照片。飞行员看了看手表——下午13点15分，然后驾机返航。情报军官从照片上准确地判读出这是一艘俾斯麦级战列舰和一艘希佩尔级重巡洋舰。

就在同一天，英国的情报部门也破译了德国军队的密电，电报内容是德国军队的两艘战舰在波罗的海演习时的通话，通话中最重要的情报是"俾斯麦"号战列舰将要进入大西洋截断英国的海上运输线这个信息。这时英国情报部门已经能够破译德国军队更高层次的密码电报了，不过可能需要延迟几天时间而已。英国军队从破译的情报中还得知，德国军队的油轮和补给船将在下一步行动中驶往大西洋，它们无疑是要给"俾斯麦"号战列舰补充燃油和物资。所有的信息综合起来，这让英国人更加肯定了"俾斯麦"号战列舰要

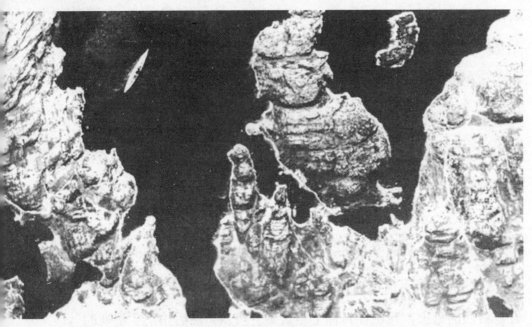

英国皇家空军飞行员发现并拍摄了在挪威格里姆斯塔峡湾的 "俾斯麦" 号战列舰

进入大西洋!

　　5 月 21 日晚, 夜色笼罩, 海面上雾气朦胧。天气预报说这里即将有大风暴来临。随即, 这里下起了雨雾, 这正是极好的掩护。午夜时分, "俾斯麦" 号战列舰的扩音器里突然大声发出要起锚的命令和全体舰员就位的命令。"俾斯麦" 号战列舰上的官兵们在夜色中匆忙地跑出舱室, 整个军舰立刻有条不紊地忙碌起来。定向信号灯急速地向 "欧根亲王" 号重巡洋舰发送了一份通知, 口令在舰桥和前甲板之间来回传递, 锚机开始转动, 把湿漉漉的锚链一节又一节地起上来。主机开始启动, 带动螺旋桨转了起来。这艘巨大的战舰开始缓缓地移动, "欧根亲王" 号重巡洋舰紧跟其后, 渐渐地消失在浓雾之中。

　　本来德国军舰原计划在驶入丹麦海峡前进行海上加油，但吕特晏斯认为由于英国侦察机的光临，英军对此次作战有所察觉，必须争分夺秒才能抢在英军完成应对部署前突入大西洋，所以取消了海上加油兼程赶路。吕特晏斯一定没有想到这个决定给"俾斯麦"号战列舰埋下了覆灭的第一笔。

　　暴风雨开始肆虐。舰首时而跃上浪峰，时而又跌入浪谷，溅起的浪花铺天盖地地越过舰桥，一直打到舰尾。两舰在满布浮冰的灰色海洋上颠簸前进。对它们来说，这片海洋到处都是敌人。它不可能遇到朋友，相反，却随时可能碰上敌人。

由停泊在挪威的格里姆斯塔峡湾的"欧根亲王"号重巡洋舰上拍摄的"俾斯麦"号战列舰

　　5月22日一早，英军侦察机冒着德军密集的防空火力，再次光临卑尔根，经验丰富的老牌侦察员罗瑟拉姆海军中校透过浓重的雾色，惊讶地发现港湾里空空荡荡，德国舰队不见了！英国海军立即意识到德国舰队必定已经出航，其意图毫无疑问是杀入大西洋。

　　当天晚上，托维上将下令绝大部分的本土防卫军舰都驶离斯卡帕湾海军基地，驶向丹麦海峡。这支舰队包括"英王乔治五世"号战列舰，"胜利"号航空母舰，4艘巡洋舰和9艘驱逐舰。托维登上了"英王乔治五世"号战列舰指挥作战。在舰队出发之前，他已经下令"萨福克"号巡洋舰前往丹麦海峡巡逻，并命令在冰岛水域的"诺福克"号巡洋舰与他的舰队会合。与此同时，"威尔士亲王"号战列舰和"胡德"号战列巡洋舰也正全速驶向这一海域。其他的战舰，比如正在给向西行驶的油轮护航的经验丰富的"罗德尼"号战列舰，也受命加入托维的编队。作为舰队司令官，托维希望自己有充足的兵力，因为他们这次的对手不是一般的军舰，而是空前强大的"俾斯麦"号战列舰，所以他调动了能调动的一切海军力量。

　　托维对所有进入北大西洋的航道都投入力量进行监视，以确保万无一失。由于奥克尼群岛与法罗群岛之间航道情况最差，托维只派了飞机进行监视。在法罗群岛与冰岛之间海域他部署了3艘轻巡洋舰，托维亲自指挥"英王乔治五世"号战列舰、"胜利"号航空母舰和"反击"号战列舰为后援。在冰岛与格陵兰之间的丹麦海峡，他部署了"萨福克"号重巡洋舰和"诺福克"号重巡洋舰进行监视，由兰斯洛特·霍兰海军中将率领"胡德"号战列巡洋舰和"威尔士亲王"号战列舰作为后援。

由于德国军舰驶入大西洋的途径并不确定，应该在哪里设下重兵围堵呢？英国人需要进一步地分析和猜测了。由于大雾的原因，托维派出的飞机在海面上的搜索一无所获，两艘德国军舰就像消失了一样，它们究竟去了哪里了呢？

实际上，德国人绕了一个大圈子准备进入大西洋。23日晨，两

作为旗舰的英国"英王乔治五世"号战列舰

艘德国军舰跨过了北极圈，沿着冰岛北缘行驶。傍晚，两舰转向南行，进入丹麦海峡。由于丹麦海峡最窄处只有180海里宽，加上格陵兰岛一侧到处都是流冰，而冰岛一侧被密密的水雷所覆盖，两艘德国军舰行驶得格外小心。天空一片漆黑，流冰被冷风刮过，天空下起了团团雪粒。当两舰进入到英国巡洋舰的巡逻区域时，更是提前做好了战斗准备。

傍晚时分，海面上弥漫着阴沉沉的浓雾，陡峭的冰山只在海面上露出了小小的一角，能见度很低。负责巡逻丹麦海峡的英国军舰"萨福克"号巡洋舰和"诺福克"号巡洋舰正在警惕地搜索着海面上任何可疑物。"萨福克"号巡洋舰上，瞭望员们突然发现了远处水天线上有一个模模糊糊的东西正在迅速地接近，目标越来越大，轮廓越来越明显，在灰色的天空下，这两艘军舰显得分外的威武。不用说，这肯定是英国人一直在找寻的德国军舰："俾斯麦"号战列舰和"欧根亲王"号重巡洋舰。此时大概是19点22分，英军"萨福克"号巡洋舰的雷达首先发现了目标，一面紧紧尾随，一面向托维报告。随着电键的"嗒——嗒——"声，发现"俾斯麦"号战列舰的消息立即传到了伦敦60.9米的地下——英国海军部，"英王乔治五世"号战列舰上的托维终于松了一口气，终于发现德国军舰了，现在的任务是如何进行拦截围歼，将两舰击沉于大西洋海底。

托维命令霍兰率"胡德"号战列巡洋舰、"威尔士亲王"号战列舰及4艘驱逐舰迅速前去拦截，其他舰艇也全速朝德国军舰的地点靠拢，形成合围之势。20 点 30 分，英军在丹麦海峡的另一艘巡洋舰"诺福克"号重巡洋舰也闻讯赶到，与"萨福克"号重巡洋舰一起跟踪德国军舰。

霍兰接到托维的命令，指挥编队以 27 节的高速冒着雨雪交加的恶劣天气，直扑冰岛西南海域。他先前往冰岛加油，随后和"诺福克"号重巡洋舰及"萨福克"号重巡洋舰会合，在丹麦海峡实行巡逻拦截。

躲避德国空袭的英国妇女和儿童

★英国的情报破译："炸弹"打败"哑谜"

1940年11月14日，英国古城以及军火库之一的考文垂市遭到了致命轰炸。谁也没有想到，这是丘吉尔事先已经知道了的轰炸情报，却没有采取任何的防御和转移措施。考文垂市就是为了不让德国知道英国已经破译了他们的密码系统而做出的牺牲。

德国政府早在1934年就开始了更换密码系统的工作。在极其保密的条件下，德国研制出了一种被称作"哑谜"的密码机，操作、保养、携带都方便，而且保密性极强。如果不知道编码程序，即使英国人缴获了这种机器也无济于事。希特勒十分重视"哑谜"，他认为任何国家不可能破译它的密码，出于对"哑谜"的充分信任，他让德国国防三军部队全部采用了"哑谜"。

英国人为了破译"哑谜"的密码绞尽了脑汁。英国人学着德国人的样子也制造出了一种与德国的"哑谜"一样的机器，给它起了个名字叫"炸弹"。

1940年7月2日，希特勒发布了第一组"海狮"作战计划，即开始入侵英国的命令。战役一开始，"炸弹"的情报破译起了很大作用，为本来就处于弱势的英国空防确立了最合适的防御计划，戈林始终没有取得英国的制空权。可以说，"炸弹"为英国立下了汗马功劳。

也正是"炸弹"提供的情报，使英国能一举击沉比任何英国战舰都要强大的德国"俾斯麦"号战列舰。在明确了"俾斯麦"号战列舰的行动计划后，英国海军本土舰队快速舰只组成突击编队，立即从英国北部的斯卡帕湾基地出发，取捷径直插丹麦海峡南端，截击"俾斯麦"号战列舰。德国人并不知道，从"俾斯麦"号战列舰上发出的任何保密的电文，英国人都已经知晓。所以，直到"俾斯麦"号战列舰沉入大西洋，德国人始终也没有搞清楚为什么英国会有那么多的战舰迅速地集结到"俾斯麦"号的周围，给了它致命的打击。

后来，英国又摧毁了德军"埃塔普"舰队。虽然德国在英国摧毁"埃塔普"舰队后曾一度怀疑海军的密码是否被破获，但是一个负责调查此事的委员会几次调查的结果都排除了"哑谜"已经被泄露的事实。直到战后，德国人才知道密码泄密的信息。

"炸弹"打败了"哑谜"，为盟国战胜轴心国提供了大量可靠的情报信息，为盟国的最终胜利作出了极大的贡献。

第三章
海上"捉迷藏"

★ 不到 6 分钟，英国最大的"胡德"号战列巡洋舰就在"俾斯麦"号战列舰的炮击中中弹爆炸沉没了！

★ 没想到到了午夜 3 点，吕特晏斯的这一手让英国人傻了眼，"俾斯麦"号战列舰居然在眼皮子底下诡异地消失了！

★ 于是吕特晏斯做出了一个愚蠢的决定，这个决定导致了"俾斯麦"号战列舰再次陷入严重危机中。

★ 有人在海图上标出了"俾斯麦"号战列舰的位置，它几乎正在"英王乔治五世"号战列舰、"罗德尼"号战列舰和"皇家方舟"号航空母舰这个三角形的中心。这一次，"俾斯麦"号战列舰已经陷入重围了，它还能逃出英国人的视线吗？

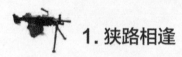

1. 狭路相逢

　　丹麦海峡位于格陵兰岛东南部与冰岛之间，它北通北冰洋，南连北大西洋，北极圈横穿而过。"俾斯麦"号战列舰和"欧根亲王"号重巡洋舰按照预定线路，小心翼翼地穿行在丹麦海峡中。而他们的对手，此时已经在丹麦海峡中谨慎地搜索着可能出现的目标。

　　5月23日19点，德国舰队"俾斯麦"号战列舰和"欧根亲王"号重巡洋舰终于与英国巡洋舰编队中的"萨福克"号巡洋舰和"诺福克"号巡洋舰在丹麦海峡狭路相逢了，由于德国军舰明显具有优

英国"诺福克"号重巡洋舰

势,"俾斯麦"号战列舰利用强大的炮火优势首先向英国巡洋舰进行了 5 次齐射,但都没有命中目标。英国军舰惧怕德国军舰的威猛火力,施放烟雾全力避战,若即若离地跟在德国军舰的后面,不断地向海军部和托维通报德国军舰的航向和位置。

这次出海是"俾斯麦"号战列舰的处女航,它的武器尚在调整磨合阶段。由于对英国军舰的猛射,"俾斯麦"号战列舰的前雷达系统居然被火炮的巨大震动震坏了,吕特晏斯便命令"欧根亲王"号重巡洋舰领头,为舰队提供雷达搜索,两舰继续前进。丹麦海峡上怒涛狂吼,搅合着铺天盖地的暴风雪。两艘德国军舰顶风冒雪,破浪高速前进,风雪是它们绝佳的掩护,如果能抛掉后面尾随而来的两艘英国军舰追踪者更好。

由于"萨福克"号巡洋舰装备有雷达系统,它主要的任务是继续跟踪德国军舰,报告德国军舰的位置,等待霍兰领导的英国舰队的到达。这支队伍由于有"胡德"号战列巡洋舰和"威尔士亲王"号战列舰,能与德国军舰进行一番较量。不过此时霍兰距离德国人尚有 190 海里,他立刻命令加速,以图在海峡海域拦截德国舰队。

霍兰的计划是在 24 日凌晨约 2 点与德国人接触,让他的舰队集中火力攻击"俾斯麦"号战列舰,同时"维克沃克"号巡洋舰将与"欧根亲王"号重巡洋舰交战。由于这里是高纬度,这一地区的日落大约在凌晨 1 点 51 分左右。在他的计划中,德军所处的方向将使他们暴露在太阳的余光下,而英国人将躲在黑暗中,有利于发动攻击。然而，计划没能付予实施，"萨福克"号巡洋舰在零点28分失去了德国军舰的行踪，英国人的袭击计划落空。更让英国人恼火的是，德国军舰居然不明不白地消失了，让霍兰失望之余又感到震惊。

原来，吕特晏斯发现德国军舰原计划要通过的航道上浮冰太多。为了安全起见，他下令改变航向避开浮冰，没想到这一突然决定让英国人措手不及，一下子失去了跟踪的目标。直到3点整，"萨福克"号巡洋舰才重新发现"俾斯麦"号战列舰。重新发现"俾斯麦"号战列舰，霍兰立刻调整航向，高速前往拦截。

海面上依旧风高浪急，离太阳出现还有好长一段时间，天空漆黑一片，云层也很厚，将整个海面压得低低的。飞速行驶的两艘德国军舰渐渐将暴风雪抛在后面，太阳正慢慢跃出地平线，大海像多变的怪人，立刻变得风平浪静。海面上能见度良好，在德国人的眼中，辽阔的大西洋就在面前，一条建功立业的大道隐隐可见，不过，首先还是得摆脱英国人的追踪。

5点35分，"威尔士亲王"号战列舰的瞭望员发现了德国编队，双方距离15海里。当然，"俾斯麦"号战列舰也在声呐上侦测到了霍兰的军舰，并在10分钟后发现了水天线上的舰影。一场恶战迫在眉睫！

一方是刚刚闯出丹麦海峡的德国军舰组合"俾斯麦"号战列舰和"欧根亲王"号重巡洋舰，坐镇指挥的是德国海军赫赫有名的吕特晏斯，他经验丰富，战术诡异，曾指挥过著名的"沙恩霍斯特"号战列巡洋舰，曾创下以炮击击毁英国"光荣"号航空母舰的辉煌战绩；一方是英国军舰组合"威尔士亲王"号战列舰和"胡德"号战列巡洋舰，坐镇的是英国著名的海军战将兰斯洛特·霍兰，他也经验丰富，有过光荣的战绩。

看到德国军舰，霍兰马上下令准备战斗，一时间英国军舰上警报大作，炮弹上膛，炮手就位。"胡德"号战列巡洋舰是英国最大的战舰，它形体修长俊美，建于第一次世界大战期间，1930 年代经过了数次局部改装，是英国皇家海军的"宠儿和骄傲"，是英国海权的象征。它满载排水量为 42 100 吨，航速 31 节，装有 8 门 381

"胡德"号战列巡洋舰

毫米的双联装主炮，火力威猛，唯一的弱点是装甲防护太弱，这是由于建造时英国的经济已经处于下坡路，没有足够的资金进行充分的防御设计，因此它的主甲板没有 100 毫米厚。"威尔士亲王"号战列舰是英国军舰中的"新乔治五世"级战列舰，1937 年兴建，1941 年 3 月 31 日才完工，此前的 5 月 21 日才正式宣布加入英国皇

"威尔士亲王"号战列舰 2 号炮塔的双联装主炮

家海军服役，排水量38000吨，航速30节，装有10门356毫米的主炮。

不久吕特晏斯也从望远镜里看到了"胡德"号战列巡洋舰和"威尔士亲王"号战列舰，他万万没有想到碰上的竟然会是英国最强大的战列巡洋舰"胡德"号和最新的"威尔士亲王"号战列舰！过早与英国军舰相遇大大出乎德国人的意料，不过"俾斯麦"号战列舰临战泰然，马上拉响战斗警报，命令"欧根亲王"号重巡洋舰向自己靠拢，以便集中火力对付它的宿敌——英国军队的旗舰"胡德"号战列巡洋舰。

英国人以"胡德"号战列巡洋舰打头阵，"威尔士亲王"号战列舰紧随其后；德国人则以"欧根亲王"号重巡洋舰在前，"俾斯麦"号战列舰殿后。两艘英国军舰拥有8门381毫米的主炮和10门356毫米的主炮，火力强劲，而两艘德舰拥有8门381毫米的主炮和8门203毫米的主炮，显而易见英国军舰在炮火上占有优势。

德国军舰因此于5点39分下令转向，准备避开英国军舰。几乎是在同时，英国军舰也在转向，舰首直指德舰，猛扑过来！5时47分，英国军舰再次转为300度航向，以对准德国军舰。

5点52分，双方距离25 000米，"胡德"号战列巡洋舰前主炮首先开火！

5点54分，德舰见战斗已无法避免，便转为200°航向，对英国军舰形成炮战最为有利的"T"字阵形！德国军舰由北向南，可用全舷火炮齐射；英国军舰由东向西，头对德国军舰，只能用首炮还击，这差不多减少了一半火力。原本火炮上的数量优势全被不利的临战态势所抵消！加之英国军舰虽是抢先开火，却因为两艘德国军舰外型相似，霍兰根据常规，认为领头的一定是"俾斯麦"号战列舰，所以将射击目标错误地指向了"欧根亲王"号重巡洋舰！"威尔士亲王"号战列舰也没能及时分辨出来，跟着向"欧根亲王"号重巡洋舰射击。炮战中"胡德"号战列巡洋舰几次齐射都没有命中目标，反倒是主炮雷达尚未调试完毕只能使用光学测距仪进行火控的新舰"威尔士亲王"号重巡洋舰偶有命中。英国军舰直到两次齐射后，才发现这一致命错误，急忙掉转炮口。

但精明的德国人早已抓住了这一机会，5 点 55 分，"俾斯麦"号战列舰的主炮开始了第一次齐射！由于"俾斯麦"号战列舰上有指挥仪，德国军舰射击远比英舰准确。11 分钟里的第一排炮就打中了"胡德"号战列巡洋舰中部，造成"胡德"号战列巡洋舰上 10 厘米高炮及救生艇甲板起火。

霍兰意识到已方处于不利位置，于是命令左转舵 20°，以发挥全部主炮威力。但还没等"胡德"号战列巡洋舰转向，"俾斯麦"号战列舰的第二次齐射到了，至少有一发炮弹打在"胡德"号战列巡洋舰的主桅及三号炮塔之间，"胡德"号战列巡洋舰主桅下方立刻升起了极高的火焰，甲板上顿时成为一片火海，海风一吹，又腾起十几股比先前更大的烟柱。烟雾随风伸展，渐渐地连成一片，形

"俾斯麦"号战列舰开炮还击"胡德"号战列巡洋舰

成一团巨大的烟云，笼罩在军舰上空。烟云下，隐约地矗立着一个细长的烟囱。就在那时，"胡德"号战列巡洋舰上发生了一次巨大的爆炸，碎片纷飞，迸上云天。剧烈的爆炸将"胡德"号战列巡洋舰中部彻底炸开，甚至连沉重的主炮塔都被爆炸抛上了天，海水从破口汹涌而入，舰体顷刻间断为两半，尾部立即沉没，前半部分在3分钟后也迅速下沉，此时海面上还弥漫着爆炸的硝烟，"胡德"号战列巡洋舰就在硝烟中迅速沉入了大海，片刻之后海面上仅留下一个巨大的漩涡，宣告了"胡德"号战列巡洋舰的彻底消失！

　　不到6分钟，英国最大的战列巡洋舰"胡德"号就在"俾斯麦"号战列舰的炮击中中弹爆炸沉没！英国事后的调查显示，由于一枚381毫米炮弹，鬼使神差般地穿透了"胡德"号战列巡洋舰的 6 层甲板，打穿了 6 堵舱壁，恰好穿过"胡德"号战列巡洋舰装甲中的薄弱部分，落入了 101 毫米高炮的弹药舱，引爆了里面的弹药，爆炸又引爆了船尾 381 毫米主炮的弹药库。胡德号全舰上有 1419 人，只有特德·布雷格斯在内的三人获救，死难者中包括霍兰和舰长科尔。

跟随作战的"威尔士亲王"号战列舰亲眼目睹了英国皇家海军的光荣与骄傲——"胡德"号战列巡洋舰的悲惨下场，目瞪口呆之余，还没回过神来，"俾斯麦"号战列舰和"欧根亲王"号重巡洋舰就调转炮火，全部火力对着"威尔士亲王"号战列舰倾泻而下！

这一时刻，满怀悲愤的"威尔士亲王"号战列舰表现得极为神勇，不甘示弱地面对两艘德国军舰的迅猛炮火，奋力还击，但此时双方距离仅 16 000 米，德国军舰的射击更加准确凶猛。最糟糕

受创后的"俾斯麦"号战列舰

的是，"威尔士亲王"号战列舰刚下水不久，还有一些设备没有完成调试检修，甚至舰上还带着维修工程师和工人，现在一座四联主炮又被弹链堵塞，无法开火，火力自然大减！"威尔士亲王"号战列舰根本不是德国军舰对手，连中7发炮弹，万幸的是只有3弹爆炸。其中德国军舰最猛烈的一击属于击中舰桥的一发381毫米炮弹，致使舰桥上除了舰长利奇和最高信号长以外所有的在岗军官全部丧生。此时舰上多个重火力炮塔由于电力不足无法运作了。

大难不死的利奇舰长继续指挥战斗，第六次齐射命中"俾斯麦"号战列舰两发356毫米炮弹，一发击中二号锅炉舱，一发击穿舰首燃料舱。利奇舰长因为自己这方火力明显不及对手，又多处中弹，进水量已达5000吨，便见好就收，于6点05分下令施放烟雾，全速撤退。由于担心德国军舰受到损失，吕特晏斯没有下令追击逃跑的"威尔士亲王"号战列舰。6点10分，双方相继停火。

"俾斯麦"号战列舰被"威尔士亲王"号战列舰的3发356毫米的炮弹击中，其中一发摧毁了舰载机弹射器，另一发击毁了首部油槽，致使约1000吨燃油泄漏及航速略微下降。相对于英国人的惨烈状况而言，这点状况实在是微不足道。"欧根亲王"号重巡洋舰在此次大战中没有受到任何损伤，尽管在6点19分英国军舰"萨福克"号巡洋舰瞄准了它，并对其进行了6次齐射，但由于"萨福克"号巡洋舰的雷达出现故障，显示了错误距离，导致炮弹一发未中。

肖特桑德兰式水上飞机

　　当天，目击到这一浴血奋战的还有一群人。英国派出的负责追踪"俾斯麦"号战列舰的一架巡逻机——英国皇家空军201中队的L5798号肖特桑德兰式水上飞机，该机组成员目击了刚才那场惊心动魄的大海战。他们是从冰岛首都雷克雅未克起飞，负责追踪巡逻，尽管震惊于战场的惨烈，但他们没有在海上降落拯救"胡德"号战列巡洋舰，而是选择了继续追踪"俾斯麦"号战列舰。在返航前，机组人员发回了如下的电报："敌舰航向220°，30节。未发现着火，但有燃油泄漏。"

　　★"胡德"号战列巡洋舰上被上帝眷顾的幸运儿

　　在1941年5月24日的丹麦海峡英德对垒中，英国"胡德"号战列巡洋舰在短短的不到十分钟之内被击沉,舰上1418人遇难,仅有3人幸存。

幸存者特德·布瑞格是舰上的信号兵,15岁参军,1939年到"胡德"号战列巡洋舰上服役。他的工作岗位位于舰桥内,"胡德"号战列巡洋舰沉没的那天他正在霍兰将军旁值班。在他后来的回忆中,爆炸声中,"胡德"号战列巡洋舰舰桥上所有人都被震倒在甲板上,信号兵特德·布里格斯听到值日官向舰长罗菲尔·科尔上校和霍兰中将报告罗盘已经失灵,科尔命令改用紧急操纵系统。但话音没落,舰体就开始向左倾斜并向尾部下沉。霍兰中将平静地坐在指挥席上,什么也没说,因为已经没有必要下令弃舰了。将军本来可以逃生,但他选择了与舰同存亡。布瑞格是比较幸运的,他抓住了一个救生筏,得以幸存。

军官候补生威廉·邓达斯是另外一位幸运者,当时他在罗经平台上。爆炸声起时,他踢开了舷窗,靠着自己优良的水性和极好的运气得以幸存。

最后一名幸存者布里格斯是甲板上的炮手,"胡德"号战列巡洋舰爆炸后舰体断裂,他掉到水中,并且腿被船体的残骸砸伤。但他运气很好,抓着东西浮游在海面上,靠着海面上漂浮的一些船体残骸捡回了一条命。

让人惊奇的是,三位幸存者居然凑到了一起,在冰冷刺骨的海水里漂泊了4小时。最终他们的救生筏终于被英国的"电"号驱逐舰发现。当"电"号驱逐舰试图在海面上寻找别的幸存者时，此时"胡德"号战列巡洋舰沉没现场只剩下一堆堆漂浮的残骸和厚达100毫米的油迹漂浮在海面上。

由于"胡德"号战列巡洋舰发生了弹药爆炸，爆炸瞬间发生在后部，所以那里应该基本无人生还。而舰体迅速断裂后，前部迅速抬起，这样可能导致很多人被撞死或摔死，少部分逃出的人可能落

"胡德"号战列巡洋舰上官兵合影

水后因为巨大前部残骸迅速沉没导致的漩涡淹死，或者是因为水中大量的燃料而被呛死。当时"威尔士亲王"号战列舰因为身负重伤且打不过德国军舰已经暂时逃逸了，避免出现第二个"胡德"号战列巡洋舰的悲剧。

三位幸存者后来都选择了继续在英国海军服役。特德·布瑞格后来还参加过朝鲜战争，1973 年以中尉军衔退役，2008 年去世。威廉·邓达斯在 1944 年晋升为海军上尉，1965 年去世。布里格斯后来参加过远东对日作战，参加过 1950 年代英国对朝鲜战争的运输补给，1995 年去世。"胡德"号战列巡洋舰的沉没是他们心中永远的痛！

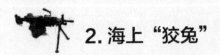

2. 海上"狡兔"

"胡德"号战列巡洋舰被"俾斯麦"号战列舰击中爆炸，沉入了大西洋海底！当英国海军部得到这个消息时，几乎所有的人都不敢相信。这是真的吗？ "俾斯麦"号战列舰的火力如此可怕，居然在短短的时间内就将英国海军的光荣与骄傲彻底摧毁！

英国海军作战室内弥漫着强烈的悲愤情绪。这天，几乎所有的值班军官都曾在"胡德"号战列巡洋舰上服役过，在他们的心中，"胡德"号战列巡洋舰是英国皇家海军的骄傲，是英国海上防御力量的中坚。而现在，它居然在与"俾斯麦"号战列舰交手不到十分钟的时间之内就被击沉，这是英国海军的奇耻大辱！"胡德"号战列巡洋舰的沉没激起了英国海军全体上下的同仇共愤，在怀着沉痛心情的同时，他们更下定决心要将"俾斯麦"号战列舰歼灭。丘吉尔说："我不管你们如何做，但是无论如何必须击沉'俾斯麦'号！"

英国的民众同样震惊，他们不敢相信这一消息，悲愤之余，更加坚定了团结一致的决心。

此前，英国海军部已命令萨默维尔将军统率的 H 舰队从直布罗陀出发，去参加围追德国军舰的战斗。这时，他们又将"罗德尼"号战列舰和"拉米伊"号战列舰从护航运输队召回，前去参加追击。"复仇"号战列舰也立即启航，以尽快的速度由加拿大的哈利法克斯前去参战。英国人将围歼"俾斯麦"号战列舰的大网在大西洋上铺开。

虽然首战告捷，大获全胜，将一艘英国军舰击沉，一艘英国军舰重创，但"俾斯麦"号战列舰也付出了不小的代价——"俾斯麦"号战列舰被"威尔士亲王"号战列舰击中三次，前舰的储油仓被击破，导致了 1000 吨燃料泄漏，而剩下的燃料也掺入了海水。同时，一个锅炉也被海水淹没，为了船体的平衡，一个加速电力平衡机不得不被放弃，因为这个水密仓也得用海水灌满。由此导致军舰不能以最高时速 30 节行驶了。"俾斯麦"号战列舰原本燃料已经紧张，如今燃料外泄，更是雪上加霜。更重要的是，外流的燃料在海面上形成了明显的油迹，为英国军舰以后的追踪创造了条件，这也为"俾斯麦"号战列舰最终覆灭又埋下了一个伏笔。

"俾斯麦"号战列舰获得的胜利并没有让德国人有多么高兴，因为"莱茵演习"行动是进入大西洋袭击英国的商船队，破坏盟军的海上交通线，而不是和英国海军进行面对面硬碰硬的火拼。在舰队指挥官吕特晏斯看来，如今"俾斯麦"号战列舰行踪暴露，而吃了大亏的英国人绝对不会善罢甘休，肯定会进行围歼。哪怕"俾斯麦"号战列舰火力威猛，但好汉架不住群狼，英国的海军实力强大，尤其是英国海军还有令人生畏的航空母舰，"俾斯麦"号战列舰的前景并不乐观。

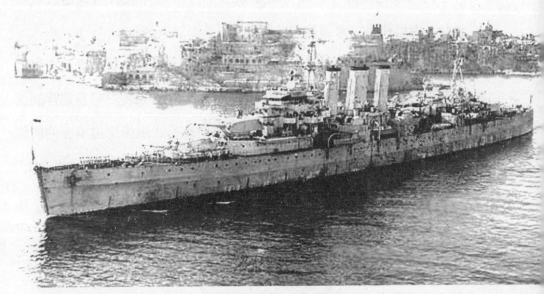

"诺福克"号重巡洋舰

在"俾斯麦"号战列舰的身后,"萨福克"号重巡洋舰和"诺福克"号重巡洋舰还继续在跟踪,"威尔士亲王"号战列舰在简单进行修补之后也加入了跟踪行列。

这三艘英国军舰并不敢靠太近,但已经给德国军舰造成了一定的麻烦。吕特晏斯曾一度希望把这些跟踪的敌舰引诱到己方潜艇的伏击圈里,可此时的"俾斯麦"号战列舰已经不能以最大航速前进,而英国军舰肯定已经正朝着己方围扑过来,拖下去"俾斯麦"号战列舰的前途不妙啊!吕特晏斯转念一想,如今"俾斯麦"号战列舰已经一战成名,威名远扬,就算是不参加破坏英国交通线的海战,哪怕是停在海港里,也能牵制部分英国军舰的力量,也能部分实现原定目标。在多重因素考虑之下,吕特晏斯决定让"俾斯麦"号战列舰退出战斗,而"欧根亲王"号重巡洋舰将与其他战舰会合,继续执行"莱茵演习"行动。

吕特晏斯得到的天气预报是南部海区有暴风,这可真是个好消息。吕特晏斯很快拟定了下一步行动方案:"俾斯麦"号重巡洋舰保持原航向,驶进暴风区,然后突然转向东行,甩掉尾追不舍的两艘英国巡洋舰,前往法国的圣纳泽尔,在那里进行维修;"欧根亲王"号重巡洋舰继续南下,和其他德国军舰汇合,袭击商船;同时,让在邻近水域活动的7艘潜艇组成巡逻线,拦截追来的英国舰只;当"俾斯麦"号战列舰抵近法国海岸后,再由"飞狼"提供空中保护,"俾斯麦"号战列舰就安全了。

在"欧根亲王"号重巡洋舰上拍到的"俾斯麦"号战列舰

一切准备就绪，5月24日18点，海上大雾弥漫，"俾斯麦"号战列舰突然掉头向尾随的英国军舰开火，毫无准备的英国军舰手忙脚乱地准备战斗，一片混乱。"欧根亲王"号重巡洋舰趁乱与"俾斯麦"号战列舰分手，在大雾掩护下继续向南进发。英国军舰竟毫无察觉"欧根亲王"号已经脱离队伍，等意识到时，"欧根亲王"号重巡洋舰已经消失在茫茫大海中，去向不明了。其实"欧根亲王"号重巡洋舰是向南驶往法国港口布勒斯特了，在那里它可以和其他德国军舰一起攻击英国的商船。

相对于此前在丹麦海峡的强攻，这次"俾斯麦"号战列舰的行为更多像是佯攻，帮助"欧根亲王"号重巡洋舰躲避英国军舰的注意，战斗只持续了10分钟左右，双方都没有重大损伤。"俾斯麦"号战列舰成功掩护"欧根亲王"号重巡洋舰撤离后，一头驶入暴风海区，准备借助恶劣天气的掩护甩掉尾随的英国军舰，再在潜艇和岸基飞机的掩护下返回法国。

不过，吕特晏斯的眉头一直没有展开，"俾斯麦"号战列舰的情况不是太好。航行数小时后，舰长林德曼报告，由于连续高速航行，耗油量较大，返回圣纳泽尔恐怕燃料不够。吕特晏斯只好下令改向驶往法国的布勒斯特，它比到圣纳泽尔的距离要近119海里。

英国"胜利"号航空母舰

英国剑鱼式鱼雷轰炸机

其实，从地图上看，到挪威显然要比到法国近，但是为了迷惑英国军队，吕晏斯特决定选择去远一点的法国港口，而不是挪威港口。这一点也确实让英国人有点摸不着头脑，这个举动有点让人费解。

5月25日午夜前夕，从斯卡帕湾海军基地出发的英国本土舰队已经离"俾斯麦"号战列舰很近了。22点10分，英国"胜利"号航空母舰赶到距离"俾斯麦"号战列舰约119海里海域，但它实力较弱，只载有 9 架剑鱼式鱼雷轰炸机，不过尽管实力不强，"胜利"号航空母舰还是勇敢地对"俾斯麦"号战列舰发起了空袭。

尽管是午夜前夕，由于这里非常靠近北极，又正处于北极的白昼时期，所以太阳才刚刚落下，天空还有一丝光亮。"胜利"号航空母舰上仅有的 9 架剑鱼式鱼雷轰炸机在轰鸣声中，从颠簸的飞行甲板上艰难地起飞了，勇敢地冲向茫茫夜空。

这支轰炸小队由埃斯蒙德海军少校率领，这批飞行员都是第一次参加战斗，但他们顶着大风，顽强地飞行。他们驾驶的这种鱼雷轰炸机是英国 1936 年出厂的老式双翼机，由费尔雷公司生产，可挂一枚 730 公斤的鱼雷，装备两挺 7.6 毫米机枪，航程为 895 海里。在 1940 年 11 月 11 日夜间对意大利塔兰托港的奇袭中，剑鱼式鱼雷轰炸机崭露头角，用鱼雷击沉了停泊在港内的 3 艘意大利战列舰，从而一战成名。实际上，剑鱼式鱼雷轰炸机的速度很慢，自卫能力很差，加上此时气候恶劣，将要攻击的是高速行驶中的巨型战列舰，而这种战列舰有着令人生畏的防空火力，在这种条件下进行这种袭击无疑冒着自我毁灭的危险，为了截住敌舰，英国人将大无畏的英勇精神发挥到了极致。

"胜利"号航空母舰同时还派出了 5 架 802 中队的管鼻燕式战斗机进行侦察。管鼻燕式战斗机是 1940 年新设计的，是当时皇家海军第一种装备 8 挺机关枪的战斗机，可以装载 3 人，主要的武器是机翼下装有 8 挺勃朗宁固定机枪，飞机可携带 225 公斤炸弹。

　　飞机时而躲入云层，时而穿出云层，借助雷达和"诺福克"号巡洋舰的帮助，埃斯蒙德海军上尉带领的剑鱼式鱼雷轰炸机于23点27分发现了"俾斯麦"号战列舰，它躲在一块低低的云层下，朝法国方向中速行驶。正当英机试图穿云而下时，翻滚的阴云忽开忽合，突然间又遮住了"俾斯麦"号战列舰。英国飞机只好西飞，在"萨福克"号重巡洋舰和"诺福克"号重巡洋舰上空掉过头来，准备重新进入。

"俾斯麦"号战列舰装备的雷达

德国人早就通过雷达发现了从天而来的袭击者，甲板上的防空炮火早已准备就绪，只等一声令下，就吐出长长的火舌喷向目标。可是此时天已经黑了，云层又厚又低，天气又恶劣，实在难以捕捉目标，因此德国人只好对准天空一通齐射；由于能见度低，英国飞行员眼中的德国军舰也是隐隐约约，加上德国人的防空炮火极为密集，尽管英国人采用了通过各个方向同时发起进攻的策略，也只有4架英国飞机投下了鱼雷，其中有一枚鱼雷击中了"俾斯麦"号战列舰的右舷，但那是"俾斯麦"号战列舰装甲最厚的地方，所以

"俾斯麦"号战列舰的舰桥

"俾斯麦"号战列舰上也只重伤数人、死亡一人,并未给"俾斯麦"号战列舰的船体造成任何严重的损伤。

令人惊奇的是,所有的剑鱼式轰炸机都安全返回了航空母舰,这也算一个不大不小的奇迹了。执行侦察任务的管鼻燕式战斗机被击落了2架,其中1架的飞行员后来被商船救起。一名"俾斯麦"号战列舰上幸存的德国军官回忆道:"无法想象这种老式缓慢的双翼机竟然能顽强地袭击'俾斯麦'号战列舰这艘高炮如林的战舰,并在枪林弹雨中穿梭。"

天空中出现了舰载机,吕特晏斯感到一阵头痛,这表明至少有一艘英国航母就在不远处,不过只能派出9架轰炸机,说明这艘航母的实力并不强。这倒不是真正的麻烦,真正的威胁是这意味着英国人击沉"俾斯麦"号战列舰的决心有多强,实力强劲的英国舰队正全副武装、气势汹汹地从几个方向全速赶来,而"俾斯麦"号战列舰燃料匮乏,无法长时间高速航行,形势相当不利。摆脱困境的唯一方法就是甩掉尾随在后的两艘英国军舰,使英军失去目标。

此时"俾斯麦"号战列舰已经驶入了德国潜艇的活动区域。为了躲避潜艇的偷袭,跟踪的英国军舰不得不进行曲折航行。这让吕特晏斯看到了摆脱英舰追踪的一个好方法:两艘英舰进行"Z"字反潜曲折航行,当两舰行至"Z"字航线的顶端时,正是雷达工作盲区,如果能利用这一良机,就能演出一场金蝉脱壳的好戏,当然这需要准确的时机把握和高超的操舰技术。

　　"俾斯麦"号战列舰雷达紧紧盯住两舰，吕特晏斯凝神屏息密切注视着雷达屏幕上两舰的信号回波。5月25日凌晨3点6分，两舰行至航线顶端，"诺福克"号重巡洋舰首先转向，屏幕上只剩下"萨福克"号重巡洋舰的回波，当"萨福克"号重巡洋舰刚开始转向，吕特晏斯立即抓住这一千载难逢的机会，果断下令全速右转，在英舰雷达工作范围以外，全速绕过两舰的尾部，折向东行。一时间，两艘英国军舰雷达屏幕上一片空白！

　　此前"俾斯麦"号战列舰为躲避英国飞机鱼雷的攻击，经常变换航向，先驶向西南，再急转向西驶去，然后又折转向南，这让走"Z"字路线的英国军舰已经追踪得颇为吃力了。没想到到了午夜3点，吕特晏斯的这一手让英国人傻了眼，"俾斯麦"号战列舰居然在眼皮子底下诡异地消失了！消息传来，这让英国人恐慌又惊诧，这艘庞然大物的军舰如此诡异，轻易地就消失了，不知道去向何方，不知道它的目的是什么，英国海军作战室里一片寂静。这真是一个晴天霹雳啊！托维接到失去雷达接触的报告，一开始也极度震惊，冷静下来之后，他知道原因不外三种：一是信号干扰；二是雷达操作失误；三是德舰突然转向。他分析认为第三种可能最大，因为他清楚地知道指挥这艘战舰的指挥官经验丰富，狡诈多变。鉴于"俾斯麦"号战列舰已经流失了大量的燃料，极可能返回德国或与海上补给舰会合接受补给，因此他立即命令全力向北搜索，以尽快重新发现德国军舰！

英国空军轰炸机

　　在茫茫大海上找出一艘战舰无异于大海捞针，尽管托维命令飞机和军舰都加大了搜索范围，采取了可能的一切侦察措施和手段，还是一无所获。英国人最初猜测德国军舰已经向西部突围了，因为英国人根本就没有找到"俾斯麦"号战列舰的踪迹。最主要的是英军的搜索方向错了！

　　在"俾斯麦"号战列舰击沉"胡德"号战列巡洋舰之后，英国人曾破译过吕特晏斯发给希特勒的一份密电，内容是击毁"胡德"号战列巡洋舰的庆功电报。但是从那之后，德国人再也没有用电报发送信息，英国通过破译电报这条途径也没有办法获得进一步的信息。英国人愁眉不展。

★德国杰出水面舰艇指挥官吕特晏斯

吕特晏斯，第二次世界大战德国海军最杰出的水面舰艇指挥官，1889年5月25日出生于德国小城威斯巴登。18岁时加入德国海军。到了1917年，他已经升任海军少校，他指挥一艘驱逐舰多次在英吉利海峡执行作战任务，并且参加了日德兰大海战。第一次世界大战后他在德国海军中担任"卡尔斯鲁厄"号轻巡洋舰的上校舰长，而当时邓尼茨任同级的"埃姆登"号巡洋舰舰长。

1940年，吕特晏斯升任海军中将，担任舰队副司令。1940年，在德军入侵挪威的战役中，吕特晏斯首次展示了他出色的战役指挥才能。他指挥"沙恩霍斯特"号战列巡洋舰和"格奈森诺"号战列巡洋舰两艘姐妹舰，担任吸引英国舰队，掩护登陆部队的任务。这是整个战役中最危险、最重要的任务。在战斗中，吕特晏斯可谓出师不利，刚到挪威就碰到英国"声望"号战列巡洋舰，"格奈森诺"号战列巡洋舰首先中弹，主火控系统损坏。当时两舰上共有9座三联装280毫米主炮，而"声望"号战列巡洋舰只有6门381毫米大炮，德舰火力占有极大优势。但吕特晏斯反而下令迅速向北撤退，他明白如果和"声望"号硬碰硬，纵然击沉敌舰，英国本土舰队也会牢牢把他咬住。他决定充分利用

英国"声望"号战列巡洋舰

自己 32 节的高航速,甩掉敌人,同时使敌人远离登陆区。在完成登陆任务后,吕特晏斯指挥两舰返回威廉港,为挪威登陆战立下了大功。

1940 年 6 月 4 日,吕特晏斯再次指挥两舰和"希佩尔"号重巡洋舰前往挪威支援陆军,在这次出击中,吕特晏斯创造了一个奇迹。6 月 8 日,吕特晏斯指挥舰队在击沉一艘运兵船和一艘油轮后,下午击沉了英国"光荣"号航空母舰和随行的两艘英国驱逐舰,并且在大西洋游猎一圈后回到基尔港。这是世界上第一次用舰炮击沉了航空母舰,也是唯一的一次。

1941 年 1 月 22 日，吕特晏斯再次指挥 "沙恩霍斯特" 号战列巡洋舰和 "格奈森诺" 号战列巡洋舰开始万里游猎，在这次游猎中，吕特晏斯指挥两舰，充分发挥 "战列舰追不上，巡洋舰打不过，战列巡洋舰与之较量又吃亏" 的自身优势，决不恋战，打完就走，声东击西。最大限度地扰乱了大西洋航线。他的海战经验极为丰富，例如当他在格陵兰以南发现 HX-106 船队由战列舰护航后，迅速改变计划，向西溜去。在脱离敌人后，又向北行驶，在戴维斯海峡一躲就是 10 天。再次南下时，他指挥战舰打沉了 5 条商船，在原地游荡躲避盟军视线，随即迅速驶向非洲，在被发现后，又再次折回西北，一连打沉 16 条船，又取道东南，返回法国布列斯特。这次出击，总共击沉 11 万吨的货船，并且成功吸引了英国海军的注意，掩护友舰从北路回国。这种类似捉迷藏的指挥艺术充分体现了吕特晏斯的才能。在雷达、舰载机都不如对方的情况下，能成功避开敌人主力，让人不得不佩服。

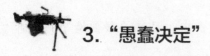

3. "愚蠢决定"

5 月 25 日这一天，无论对英国人还是德国人来说，都是富有戏剧性的一天。凌晨 3 点许，德舰居然在英国人的眼皮子底下消失了，富有捉迷藏天赋的吕特晏斯极为聪明地利用了一个圆圈航线轻松地摆脱了追兵，毫无负担地向东出发，直向法国海岸行进。

一艘5万余吨的巨型战舰诡异地遁迹无踪，茫茫大洋顿时因为这艘巨舰的出没而变得危机四伏。英国人觉得自己的运气太差，眼看到嘴的肥肉又给飞了，恼怒之余，只能加大力度搜寻。英国人更担心逃脱了的"俾斯麦"号战列舰在未来掀起更大的风波。

由于"胡德"号战列巡洋舰已经沉没了，英国再也没有哪一艘军舰能够在速度、排水量和战斗力方面可以和"俾斯麦"号战列舰相匹敌了，如果这次没有围歼成功，不知道这个诡异而又杀伤力极强的铁嘴巨鳄会出现在大西洋的某处，对盟国的海上运输线偷偷地给予致命一击。

如果"俾斯麦"号战列舰游弋大西洋，完全可以横扫英国的护航运输队——而这些运输队中，没有哪一艘担任警戒的军舰能经得住它的打击，哪怕是一会儿也顶不住。如果有一些德国油船在秘密的地方等着和"俾斯麦"号战列舰会合，它就能够在广阔的大西洋上纵横驰骋几个月，不断地破坏英国的海上贸易。

在布勒斯特，还有两艘德国的"沙恩霍斯特"号战列巡洋舰和"格奈森诺"号战列巡洋舰停在港口里。英国人还须时刻注意它们的动向。这就是说，英国人只能用一只手来对付"俾斯麦"号战列舰。勒在英国人脖子上的绳索，无形中真的收紧了……

原本一直紧跟着"俾斯麦"号战列舰的"萨福克"号重巡洋舰和"诺福克"号重巡洋舰，此时也在海面上急得团团转。它们离开

"格奈森诺"号战列巡洋舰

了原航线，认为德国人有可能向西南逃窜，结果和"俾斯麦"号战列舰的航向背道而驰，离目标越来越远，当然是一无所获。

托维也判断"俾斯麦"号战列舰朝南行驶，于是命令"英王乔治五世"号战列舰向南行进追踪，行进了 100 海里，一路拦截，自然也是一无所获。英军加强了在"俾斯麦"号战列舰有可能出现的水域内的空军侦查，加派了飞机巡逻，扩大了搜索的范围，但依旧没有见到"俾斯麦"号战列舰的影子。

天色阴沉，"英王乔治五世"号战列舰、"罗德尼"号战列舰、H 舰队和托维的驱逐舰，在波涛汹涌、辽阔的大西洋上颠簸着航行了一整天。派出去执行侦察任务的飞机，在云层下冒险地掠过海面。他们都在搜索"俾斯麦"号战列舰。可是，仍不见"俾斯麦"号战列舰的踪影。时间一分一秒地过去，德国军舰依旧没有找到，英国人越来越焦虑,可这也于事无补,尽管能动用的力量都派出去了,也没有找到。

中立国的新闻报道,美国报纸都在猜测着:"'俾斯麦'号战列舰难道已安全脱逃了吗?"甚至在英国的报纸上,竟登出了"下议院提出质询"这样的大字标题。人们在工厂食堂一边喝着咖啡,一边议论:"如果找不到它,那真是太糟糕了。"

不过,上天似乎更垂青英国人,因为德国人很快就犯了一个致命的错误。吕特晏斯或许过于相信"俾斯麦"号战列舰的实力了,看到摆脱了英国的追兵,离法国海岸线越来越近,再过一天,就可

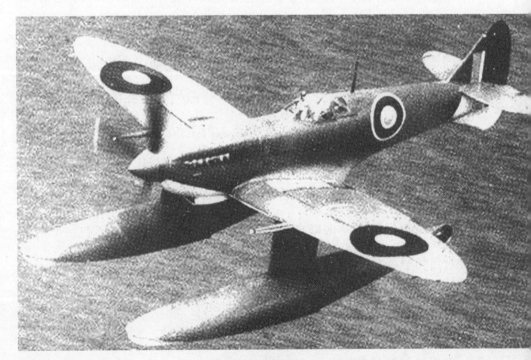

正在巡逻的英国喷火式水上飞机

以进入德国基岸飞机的保护范围，因此他认为没有必要继续保持无线电静默了。于是吕特晏斯做出了一个愚蠢的决定，这个决定导致了"俾斯麦"号战列舰再次陷入严重危机中。

5月25日早上8点，吕特晏斯居然给德军海军部发了一条长长的通讯，向德国海军司令部报告了击沉"胡德"号战列巡洋舰、击伤"威尔士亲王"号的经过，详细地介绍了己舰的损伤情况，并汇报了取消"莱茵演习"计划，准备返回法国的决定。这份电报居然用了长达半个小时的时间才发完。

此时英军正焦头烂额，一无所获，这份长长的通讯简直就是上天赐给英国人的一份厚礼——电报被设在爱尔兰和直布罗陀的英军无线电测向站截获了，英国人很快就通过三角定位法准确测出了德国军舰的位置。事后有人分析，如果吕特晏斯没有发出这份电报，英国人是完全不可能找到"俾斯麦"号战列舰所在的准确位置，因为从当时的技术条件来看，在茫茫大海上仅凭飞机侦察和舰船发现一艘军舰的难度太大，基本上是不大可能的事情。况且，英国人完全追错了方向，根本就不会遇到"俾斯麦"号战列舰。吕特晏斯的这份电报暴露了"俾斯麦"号战列舰的行踪。当然，还有一个可能是吕特晏斯根本没想到英国人能截获这份电报，更没有想到英国人能凭借一份电报就计算出自己所在的位置。

不过上天还是给了吕特晏斯补救的机会，获得"俾斯麦"号战列舰行踪的英国人一开始过于高兴了。一位值班参谋绘制的航线

德军使用的密码电报机

有误，根据这个错误的航线，英国人认为德国军舰显然正在向挪威撤退，于是托维命令所有的军舰都调往北部，全速追击，而不是向东南猛追——"俾斯麦"号战列舰真正所处的方向。一时间，负责追踪的各路舰队都在向"俾斯麦"号战列舰可能出现的位置高速前进，岸基飞机也奉命起飞，频频搜索冰岛和法罗群岛之间的开阔海域，驱逐舰只纷纷出动，堵死了水道南侧德国军舰的必经之路。英国人信心顿涨，"俾斯麦"号战列舰在劫难逃了。但实际上，他们离"俾斯麦"号战列舰越来越远了。

不过德国人的好运也只存在了一上午。当天下午英国值班参谋交班时，一位参谋突然发现上午绘制的航线是错误的，方向追错了，"俾斯麦"号战列舰没有北进，它仍留在南部海域。托维极为愤怒也无济于事，英国人不仅白白浪费了大量的燃料，而且拉大了与"俾斯麦"号战列舰的距离。

这时，"英王乔治五世"号战列舰上的测向仪重新测定的结果表明，"俾斯麦"号战列舰很有可能正在驶向法国港口。中断的围歼战终于又重新开始露出一丝曙光，英国人的决心没有改变，冰冷的大西洋底应该就是"俾斯麦"号战列舰的坟场。

★伦敦上空的英德电子战：民用转军用

第二次世界大战初期的不列颠战役中，德国空军为了避开英国空军战斗机的凶猛拦截，多次采用夜间轰炸。德国空军之所以敢实施夜间轰炸，很重要的原因就是他们拥有了隐蔽杀手——无线电波束导航系统，它能指引轰炸机群飞到目标上空。可以说在不列颠战役中，英德之间围绕无线电波束导航系统展开的激烈对抗比空战还要精彩。

在德国轰炸英国时，德军曾使用巴黎广播电台引导轰炸，而英国人也用电子战予以还击。

第二次世界大战时，巴黎电台的特点是昼夜不停地播送歌曲和各种轻松节目。德军占领法国后，其节目中间还插入纳粹宣传节目。在德军发动空袭之前，巴黎电台就把广播信号从全向天线切换到定向天线。这部定向天线可以把70兆赫的广播信号聚焦成3度的窄波束。这样，德军飞行员只要收听着巴黎电台的节目就可以被引导到伦敦或利物浦。另一条窄波束在目标上空与巴黎电台波束相交，提示飞机投弹。

很快，就有英国听众注意到巴黎电台广播音量有时会突然增强，以至于必须把收音机音量调得很低才能正常收听。他们又发现，这种情况常常发生在德军空袭到来之前。这种奇怪的现象马上被报告给军方。很快，英军就确认巴黎电台信号被用于引导轰炸。针对性的对抗措施很快就出来了，一旦发现德军使用巴黎电台信号引导轰炸，英国各地的广播电台就全都以与巴黎电台相同的频率发送巴黎电台节目，使空中到处都有巴黎电台的信号，从而使德军飞行员无法确定波束位置，使导航失效。

英军又发现，有些因干扰而迷航的德军轰炸机竟然又能回到航线上。原来，德军飞行员使用无线电测向机测量飞机相对多个英国广播电台的方位（各广播电台的频率是公开的），再以三角计算得出飞机的位置。

英国人应对方法也很简单，英军命令在德军发动空袭时，所有英国广播电台都必须以同一频率发送信号，甚至播送同一节目。这样，德军飞行员就无法利用英国广播电台定位了。德国人再也没法利用民用电台来定向了。

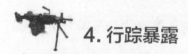

4. 行踪暴露

尽管上天送了英国人一份大礼，让德国人自行犯错暴露了行踪，英国人虽然已经知道"俾斯麦"号战列舰的大体方位，但是要找出它究竟在哪，还是要下点工夫。

此时，英国"皇家方舟"号航空母舰正在极其恶劣的天气中航行着。当它转向迎风时，凶猛的浪涛把它忽而托上，忽而托下。舰首和舰尾在波峰里上下起伏达15米之高。剑鱼式鱼雷轰炸机排列在飞行甲板上。寒风凛冽，大雨滂沱，飞行员们不得不在这种极为困难的条件下起飞去执行搜索任务。随着发动机的轰鸣声，两架剑鱼式鱼雷轰炸机腾空而起，消失在水天之际。

此前，一些卡塔林纳式飞机，也从爱尔兰的厄恩湖起飞，向西南方向搜索。它们在搜索区上空飞了一夜直到天亮。它们以彼此看不到的距离平行地向西南飞着，到达搜索区的极限时，再转向西北飞50海里，然后折向东北返航。它们的航迹像一把大梳子，覆盖了一片广阔的海区。而这把大梳子则及时地标示在海军部作战室里的那张海图上。飞机每次转弯都用无线电报告本部。于是，海图上就增加一条新线条。这样，随着空中和海上搜索区的扩大，图上那块未经搜索的区域便逐渐缩小了。不过，在恶劣的天气下，要在茫茫大海上发现"俾斯麦"号战列舰并不容易。

上午 10 点 30 分左右，一架从皇家空军岸防航空兵派出的一架卡塔林纳式飞机，飞行到搜索区边缘不远正准备返航时，飞行员突然发现海面下方似乎有个黑乎乎的东西。驾驶这架卡塔林纳式水上飞机的是美国的史密斯海军上尉，他和其他 8 名美军飞行员奉上级特别密令，配合英国军队行动。

天气十分恶劣，能见度很低，虽然飞机飞行高度离波涛汹涌的海面才 152 米，但是，看到的军舰仍然模糊不清，无法辨认这究竟是哪一艘军舰。他们只得把飞机降低到几乎和目标差不多一样的高度。还没等史密斯飞近看个究竟，那团灰色的庞然大物竟然喷出道道火蛇，接着大口径高射炮弹在飞机四周炸开，洁静的天空绽开了大朵黑色烟团。敌舰自己暴露了，飞机被炸弹爆炸的气浪推得摇摇晃晃，史密斯猛蹬方向舵，飞机一个漂亮的 180° 转弯，飞离了高射炮火网。

在军舰上空飞了一圈之后，飞机发现这艘黑乎乎的大家伙没有护卫舰，应该就是"俾斯麦"号战列舰。观察员赶紧抓起电报纸，开始拟写报文，发出这一消息。炮弹在飞机四周不停地噼啪作响，驾驶员操纵飞机急忙爬高钻进浓雾缭绕的云层中……

由于一直都没有发现"俾斯麦"号战列舰的具体行踪，在茫茫大海上搜索这么久的舰队和英国海军战备室里的英国人都显得异常疲劳和失望。托维和他的军官们正站在海图面前，突然有人报告，

英国的卡塔林纳式水上飞机

皇家空军岸防航空兵派出的一架卡塔林纳式飞机突然报告，一艘庞大的战舰正位于布勒斯特港西北方 600 海里处，航向 15°，没有护卫舰。托维判断，这决不是一艘英国战列舰，只能是"俾斯麦"号战列舰。失踪了这么久的"俾斯麦"号战列舰终于被找到了，英国人终于松了一口气。

有人在海图上标出了"俾斯麦"号战列舰的位置，它几乎正在"英王乔治五世"号战列舰、"罗德尼"号战列舰和"皇家方舟"号航空母舰这个三角形的中心。这一次，"俾斯麦"号战列舰已经陷入重围了，它还能逃出英国人的视线吗？

但此时，托维所率领的英国本土舰队在德国军舰西北方向130海里，已毫无希望追上"俾斯麦"号战列舰。于是，托维改变了主意，打算前往"俾斯麦"号战列舰可能驶向布勒斯特去的航向上进行拦截。但是，他的巡洋舰和"胜利"号航空母舰由于一路高速狂追，已经消耗了大半燃料，这种情况下，他的舰队只能返回本国基地，而受伤的"威尔士亲王"号战列舰早已受命前往英格兰，护航运输队为了脱离危险区，也已经改变航向。"罗德尼"号战列舰于5月25日下午越过了"俾斯麦"号战列舰的航线，错过了拦截的时机。能够从东插入，拦住吕特晏斯逃跑的就只有萨默维尔海军中将率领的H舰队了。

H舰队包括"荣誉"号巡洋舰、"皇家方舟"号航空母舰、"谢菲尔德"号巡洋舰和6艘驱逐舰。其中"皇家方舟"号航空母舰是英国最大的航空母舰，排水量2.3万吨，可载机70架。对于有着"大炮巨舰"传统的英国人来说，这艘航母现在可成了救星。11点，H舰队赶到了"俾斯麦"号战列舰前方约100海里处，切断了吕特晏斯的去路。

在"俾斯麦"号战列舰之前超速击沉"胡德"号战列巡洋舰的教训下，火力不强的英国军舰根本就不敢靠近"俾斯麦"号战列舰，于是他们将希望完全寄托在航空母舰所携带的飞机上了。如果能通过"皇家方舟"号航空母舰上的飞机滞缓"俾斯麦"号战列舰的航速，那么就能给英国人赢得宝贵的时间，从四面八方赶来的英

"皇家方舟"号上起飞的剑鱼式鱼雷轰炸机

国军舰就可能重新追上它，一举歼灭"俾斯麦"号战列舰。这也是唯一的希望了。

★世界上第一架水上飞机的诞生

世界上第一架能够依靠自身的动力实现水上起飞和降落的真正的水上飞机是由法国人亨利·法布尔发明制造的。法布尔出身于船舶世家。在年轻时对工程学发生兴趣，并继承了家族对大海的特殊感情。飞机诞生后，他决心追随莱特兄弟和瓦赞兄弟，并设想制造能在海上起降的飞机。1907年-1909年，他在水上和陆上进行了大量的基础性研究工作，他的最重要工作是对浸入水中的翼面和浮筒所作的理论研究。

1909年，法布尔开始运用他的理论成果制造飞机。第一架样机装有3个浮筒和3台安扎尼发动机，但它从未能飞起来。同年下半年，法布尔制造了第二架样机，这架单翼机的结构非常有趣，多处反映出设计师作为船舶制造者的背景。飞机前端有一对舵和两个水翼升力面，上面的一个作升降舵。机桥前部有一浮筒，加两个浮筒装在机翼下。飞机的整个构架是木制的，浮筒用胶合板制成。

水上飞机的首次飞行是1910年3月28日在马赛附近的海面上。年方28岁的法布尔以前从未飞行过。第一次试飞时，飞机以55公里/小时的速度在水面上滑行，却未能飞起来。第二次试飞中，飞机终于飞离了水面，直线飞行约500米。随后法布尔又驾机试飞了两次，并作了小坡度转弯飞行。第二天，飞行距离达到6公里。世界上第一架浮筒式水上飞机诞生了。

第四章
群殴遭遇战

★一名眼尖的飞行员发现被他们攻击的居然是英国的"谢菲尔德"号巡洋舰，他禁不住惊呼起来："噢，我的上帝！"

★天色越来越暗，载着沉重鱼雷的剑鱼式鱼雷轰炸机排成小分队，时而穿过厚厚的云层，时而闯过暴雨区，顽强地飞行着。

★"俾斯麦"号战列舰已经处于英国战舰的重围中，可是希特勒为何没有派出较大规模的救援队伍呢？

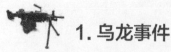 **1. 乌龙事件**

　　望着消失在远处云端的英国侦察机，站在甲板上的吕特晏斯放下手中的望远镜，不禁长叹了一口气，一张编织得越来越大的网将会从天而降，"俾斯麦"号战列舰的前途渺茫。

　　在遭遇卡塔林纳式水上飞机后仅仅一个多小时，一架用于侦察的"剑鱼"式鱼雷轰炸机又出现在"俾斯麦"号战列舰的上空，这正是从"皇家方舟"号航空母舰上起飞的一架飞机！它也发现了"俾斯麦"号战列舰。

　　自从得知德国军舰的大致位置，英国海军H舰队的司令萨默维尔已经清楚地意识到，他的舰队已经从跑龙套的偏师成为了绝对的主力，如果堵截失败，英国皇家海军的声望将一落千丈。他决定不执行与托维将军会合的指令，而是率领舰队转而去拦截"俾斯麦"号战列舰。为了找到德国军舰的具体位置实施拦截，他早已命令"皇家方舟"号航空母舰起飞两架侦察机前去监视德国军舰。这两架侦察机赶到德国军舰上空正是时候，那架卡塔林纳水上飞机已被德国军舰高炮击伤，刚刚返航。

　　此时吕特晏斯正费时间思索如何躲开英国的围剿，由于燃料不足，"俾斯麦"号战列舰根本就不敢用最大的航速行驶。现在"俾斯麦"号战列舰所处的位置，与预定到达的法国港湾几乎还相距592 海里，即 35 小时的行程。哪怕英国军舰穷追不舍，但"俾斯麦"号战列舰只要能躲避过英军的袭击，不降低航速，不让英国军舰追上来，后天早晨"俾斯麦"号战列舰就进入德国庞大空军兵力的半径范围内，那么它基本上就安全了。

　　知道"俾斯麦"号战列舰就在眼前，萨默维尔深感自己所肩负的责任重大，不敢有丝毫懈怠。他担心侦察机会受恶劣天气影响而失去目标，接着又派"谢菲尔德"号驱逐舰全速先行，用雷达牢牢盯住德国军舰。他知道 H 舰队的"声望"号战列巡洋舰火力弱、装甲薄，如果进行炮战，肯定不是"俾斯麦"号战列舰的对手，而托维指挥的"英王乔治五世"号战列舰和"罗德尼"号战列舰距离又远，一时半会赶不到，只有靠"皇家方舟"号航空

强大的德国空军轰炸机群

145

母舰的舰载机设法阻止"俾斯麦"号战列舰全速前进，以争取时间等待主力赶到。

14点50分，H舰队收到"发现'俾斯麦'号战列舰"的信号。其实，萨默维尔已经让"谢菲尔德"号驱逐舰出列先行，以便用雷达盯住对手。现在侦察机回报，目标已被发现，"皇家方舟"号航空母舰上的飞行员们个个求战心切，飞机已排列在飞行甲板上。

这时，"皇家方舟"号航空母舰距"俾斯麦"号战列舰不远了。风雨中，"皇家方舟"号航空母舰一片繁忙的景象。大风大浪中在飞行甲板上操作装在推车上的鱼雷是一件很困难的事，由于勤务人员的努力，"剑鱼"式鱼雷轰炸机终于全部挂好了磁引信鱼雷，15架飞机都做好了起飞准备。

舰长蒙德下达了起飞命令。它们从飞行甲板上依次升空，在空中编好队，迅速飞走了。由于蒙德没有接到"谢菲尔德"号驱逐舰出发时发来的灯光信号，他告诉飞行员们，目标附近没有别的舰只。

海上雨雾弥漫，剑鱼式鱼雷轰炸机在雨雾中穿行，飞行了一段时间。飞行员不停地从高空往下望，努力搜索着"俾斯麦"号战列舰的踪迹。突然，在云层的下面，茫茫的海面上，一个朦胧的身影出现了，它的位置大概在雷达粗略估计的"俾斯麦"号战列舰的位置上。再仔细一看，这是一艘军舰，它灰蒙蒙的，和"俾斯麦"号战列舰的外形非常相似，况且又是单独的一艘，没有护卫舰！这肯

剑鱼式鱼雷轰炸机

定是"俾斯麦"号战列舰，处于高度紧张状态的领队理所当然地这样想！15架"剑鱼"式鱼雷轰炸机分成两队，迎着惊涛骇浪降低了高度，鱼贯地向隐约可见的军舰冲去。

其他的飞行员们也很紧张，谁也来不及仔细辨认目标。当领队下达了攻击的命令时，训练有素的飞行员们俯冲下去，在短短的十几秒内，有8架飞机嗖嗖嗖地投下了鱼雷，有2枚鱼雷居然还没有入水就在海面上爆炸了，掀起了巨大的水柱，而另外6枚被敌舰避开了。

另外的几架飞机正准备飞到另一侧打它个措手不及时，机上的射击手突然听到了母舰发来的紧急呼叫："注意'谢菲尔德'号驱逐舰!"本来飞行员就觉得奇怪,敌舰居然一炮未发,就这么心甘情愿地挨打!此时,一名眼尖的飞行员发现被他们攻击的正是英国的"谢菲尔德"号驱逐舰,他禁不住惊呼起来:"噢,我的上帝!"

在"谢菲尔德"号驱逐舰上,舰长拉康收到了萨默维尔的指示,说飞行突击队已经出发,准备为飞机导航,所以他看见飞机时并不意外。然而当他把望远镜对准飞来的飞机时,拉康吃了一惊:它们正要俯冲下来进攻他的军舰!舰桥上的官兵则目瞪口呆地看着自己的飞机一个接一个地投下鱼雷,一时束手无策。8条鱼雷划着白线飞速向"谢菲尔德"号驱逐舰冲来,全舰官兵已经乱作一团,眼看一场悲剧就要发生。幸亏拉康舰长经验丰富,他把军舰开足马力,飞快地转动轮机,军舰在海浪中左转右躲,居然一口气避开了6条鱼雷,另两条鱼雷撞上突兀的海浪自行爆炸了,军舰安然无恙。

15架飞机在"谢菲尔德"号驱逐舰上空盘旋了一圈,满怀着歉意返航了。一架飞机飞走前还抱歉地对"谢菲尔德"号驱逐舰示意:"不好意思,敬了你一条鱼雷!"

这次袭击徒劳无功,不仅仅浪费了宝贵的弹药,最重要的是差点把自己人送入天堂。这是一件乌龙事件!

唯一让飞行员们有所安慰的是,他们发现这次投下的鱼雷会因为风浪而自行爆炸,如果这一次真的遇上了"俾斯麦"号战列舰,很有可能也出现这种情况,即使投下鱼雷也不能起到很好的效果。由于这次飞机悬挂的是磁引信鱼雷,这种引信经常失效,这次也不例外。为了增加击伤"俾斯麦"号战列舰的几率，最好还是换一种鱼雷！

此时，在阴沉沉的海面下，一艘德国 U-556 号潜艇正心不甘情不愿地望着"皇家方舟"号航空母舰投在水面的巨大阴影。

这艘潜艇奉命来保护处于困境中的"俾斯麦"号战列舰，正在这一带水域进行巡逻。19 点 48 分，它发现了"声望"号战列巡洋舰和"皇家方舟"号航空母舰，这两舰也没有走反潜的"Z"字航线，随行的驱逐舰也没有展护两翼，这正是一个绝佳的进攻机会。可它的鱼雷已经用光，没有任何攻击能力，只能眼睁睁地看着英国军舰大摇大摆地从身边驶过。不得不说，英国军舰的运气极好，如

U-556 号潜艇

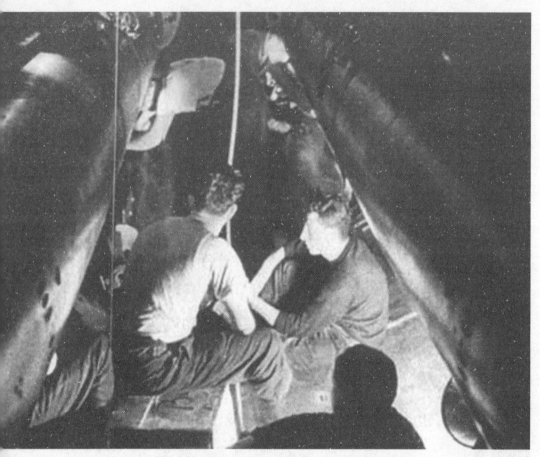

U 型潜艇的鱼雷舱

果这艘潜艇还有进攻的武器，H 舰队未必能如所愿拦截"俾斯麦"号战列舰。

　　几十分钟后，飞机全部飞回了"皇家方舟"号航空母舰的上空，盘旋着依次降落在猛烈颠簸的甲板上。舰上一些工作人员正急切地等待着他们，准备重新往上挂鱼雷。飞行员下了飞机后，再次聚集在作战室里。

★第二次世界大战中那些乌龙事件——最惨痛的误击

1944 年 8 月 27 日早晨，设在诺曼底的盟军地面雷达操作员发现，在离德国占领的法国海岸仅几公里的海面上有一支小舰队。

实际上这些舰只是英国军舰。从 8 月中旬起，有两支英国扫雷舰队在法国昂蒂费角近海地区进行扫雷作业。克利克中校率领的第 1 扫雷舰队在进行了 12 天作业后，于 8 月 25 日离开该海域前往他处。而属于英国诺曼底远征军管辖，并承担着法国北部沿海扫雷任务的第 2 扫雷舰队也于 8 月 26 日离开昂蒂费角前往另一个海域。同时，有关舰队离开这个海域前往别处扫雷的计划已向上级报告。

可是，这天晚上，代理舰队指挥官维纳布尔斯决定改变计划，返回昂蒂费角原扫雷海域。改变计划的决定已用电报报告给地区海军总部。不幸的是，由于信号发生错误，地区海军总部没有收到此项报告。

当盟军地面雷达站发现这支舰队时，它们距海岸仅仅几公里。操作员认为离海岸这么近，必定是德国舰只。于是雷达站与英国地区海军总部参谋人员联络，后者也同意这种看法，因为英国的扫雷舰队已于 8 月 25 日和 26 日先后离开了这个海域。于是这个"敌情"被报告给地区司令部司令官里维特·卡纳克海军少将。

经再次确认这个海域没有盟军军舰后，这位海军少将下令派出侦察机侦察，并命令准备实施空袭。可是被派出的波兰飞行员报告说，这支舰队看上去像友军舰队。司令部又试图与扫雷舰队指挥官联系，由于线路故障，未能成功。

在这种情况下，地区司令部下令实施空袭。战斗轰炸机263中队和266中队分别于13点5分和13点6分起飞。率机队执行任务的是王牌飞行员鲍德温。他飞临作战地区上空后立即产生了怀疑。他4次对空袭命令提出质疑，但毫无结果。在空袭过程中，船员们认出是英国的飞机，并发射了识别用的信号弹，可是为时已晚。火箭准确命中，击沉了"轻骑兵"号扫雷舰和"布里托马特"号扫雷舰，并炸毁了"斯特恩"号扫雷舰。

2. "剑鱼"狂轰

由于无功而返，又差点酿成大错，返航的飞行员们神情显得有点沮丧。不过在作战室重新商量作战计划时，飞行员们又振作了精神，现在唯一能做的，就是击伤"俾斯麦"号战列舰，若是能击沉更好。

晚上19点，飞行员们又一次走上甲板，飞机已重新加油挂弹。根据上次飞行员反馈的信息，磁引信鱼雷的效果不佳，还没有碰到舰体就在波浪中爆炸了，攻击效果不明显，这次做了调整，飞机上挂的是触发引信鱼雷。

大雨滂沱，横扫海面，每个机组人员都知道，这次出击只能成功，不许失败。机会不多了！一旦德国人逃窜出去，再想围歼它就难了！

天色越来越暗，载着沉重鱼雷的"剑鱼"式鱼雷轰炸机排成小分队，时而穿过厚厚的云层，时而闯过暴雨区，顽强地飞行着。40分钟后，"谢菲尔德"号驱逐舰看见了这些飞机，它向机群发出"敌舰在正前方12海里"的信号，看着飞机升起，钻进云层里。

自从看到侦查飞机从上方飞过，吕特晏斯已经知道英国人追上来了。"俾斯麦"号战列舰早已做好了准备。雷达显示敌舰在不远处跟踪，那是"谢菲尔德"号驱逐舰，接着又显示有敌机来袭，"俾斯麦"号战列舰的炮手已经装填好炮弹，随时准备应付天空出现的敌人。不久，远处传来飞机的轰鸣，远处厚厚的云层中出现了

航行中的"声望"号战列巡洋舰和"皇家方舟"号航空母舰

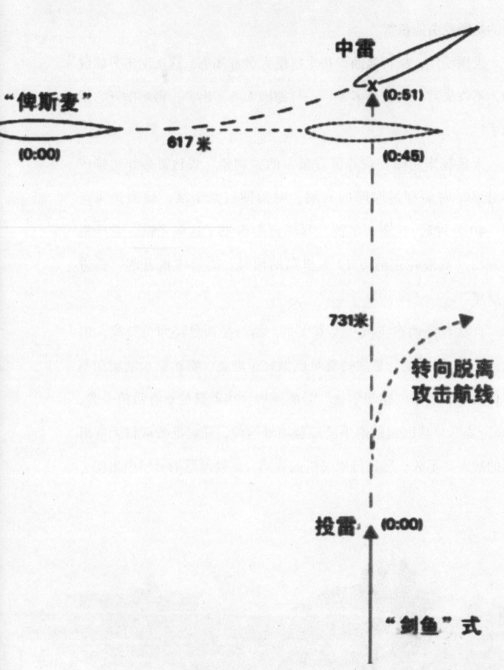

中雷

"俾斯麦"

X (0:51)

(0:00)

617米

(0:45)

731米

转向脱离
攻击航线

投雷 (0:00)

"剑鱼" 式

剑鱼式鱼雷机攻击 "俾斯麦" 号战列舰示意图

豆点大的飞机，接着越飞越近，是一群剑鱼式鱼雷轰炸机，一共 15架，但它们的速度并不快。

"俾斯麦"号战列舰的小口径机关炮和 105 毫米高炮朝向天空开火，火光冲天，炮声震耳欲聋。剑鱼飞机分成多个整齐并列的飞行小队，冒着猛烈的炮火，从不同方向投入进攻。一枚枚鱼雷被投下，溅起了大片的浪花，"俾斯麦"号战列舰在吕特晏斯的指挥下，左闪右避，笨重的舰体居然规避了剑鱼式鱼雷轰炸机第一轮的鱼雷攻击。巨大战舰无法快速机动的局限性充分暴露了出来，不管它的高射炮火是如何密集猛烈，都无法阻止海燕一样灵巧的飞机一拥而上。

尤其是这些飞机还充分利用了厚厚的云层做掩护，它们一会儿在高空盘旋，一会儿俯冲下来，忽左忽右，忽上忽下，寻找着适合的角度投放鱼雷。一架英国飞机中弹起火了，一架负伤而逃，另外几架立即钻进了云层，"俾斯麦"号战列舰的高射炮火太猛烈了。一时间，所有的飞机都躲在了云层的背后，"俾斯麦"号战列舰上的炮手们停止了射击，抓紧时间填充弹药。就在这短暂的间隙，几架英国飞机突然从云层中扑下，逼近"俾斯麦"号战列舰，其中一架"剑鱼"式鱼雷轰炸机以 90 节速度超低空掠海飞行逼近德国军舰，在距离一海里的地方投下了鱼雷！而另一架也趁机投下了另一枚鱼雷。尽管"俾斯麦"号战列舰进行了规避，但它的身躯庞大，"剑鱼"式鱼雷轰炸机的飞行员清楚地看见了这

"俾斯麦" 号上的高射炮猛烈射击

两枚鱼雷都击中了目标，德国军舰的中部和尾部突然腾起了冲天的火光。

英国军队的剑鱼式鱼雷轰炸机终于飞走了，吕特晏斯马上命令查看舰体的受损情况。机械师沮丧地向吕特晏斯报告，有两枚鱼雷击中了"俾斯麦"号战列舰，其中一枚击中了"俾斯麦"号战列舰船舷一侧，问题不大，但另一枚鱼雷就是致命一击了，它不偏不倚集中了最薄弱的舰尾，剧烈的爆炸严重损坏了推进装置，一个螺旋桨受损，碎片又卡住了舵机，舵机舱进水。"俾斯麦"号战列舰现在只能用一侧轮机来增速，一侧轮机减速来制止军舰原地打转。而且由于舵机舱舱壁很薄，出现破口后顺风航行将加剧进水，"俾斯麦"号战列舰只能忽左忽右地扭动着逆风向北航向。

　　飞行突击队顺利地返回了"皇家方舟"号航空母舰，在这次英勇的突击中，共有5架飞机被炮火击伤，1架飞机上竟数出了127个弹孔，驾驶员和枪炮手都受了伤。除了这些轻微的损失外，只有

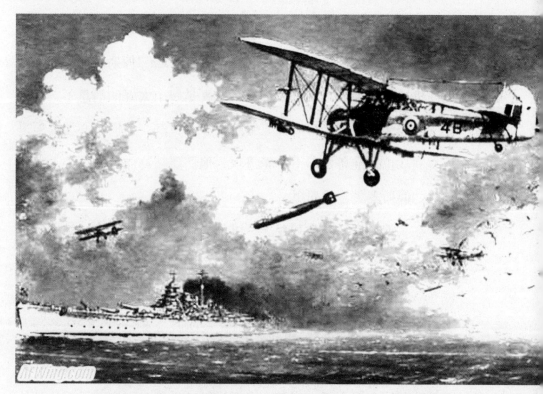

剑鱼式鱼雷轰炸机超低空飞行，逼近"俾斯麦"号，投下鱼雷

1架飞机被击落。飞行员们报告说,"俾斯麦"号战列舰的中部和尾部被击中了。

这时托维上将又得到新的信息:"俾斯麦"号战列舰在它的航线上掉了头,朝正北方向移动,航速大约为10节,这是一种令人费解的行为,因为英国军舰正在德国军舰的北方聚集,而德国军舰却朝着英国军舰聚集的方向驶来,这无疑是一种自杀性的选择。德国军舰准备干什么呢?

当最后一架掉队的跟踪飞机返回"皇家方舟"号航空母舰时,机组人员报告了一个重要情报:空袭刚过,"俾斯麦"号战列舰转了两个大圈,明显地朝北停下来,它一直在罗盘指针的这个方向上,停在海面上打转。现在可以得出的结论是:"俾斯麦"号战列舰的舵机被打坏了。对英国人来说,这真是一个太好的消息了,德国军舰已经无处可逃了!英国人终于松了一口气,他们小心翼翼地进入有利战位,准备发起下一轮进攻,他们要在物质上和精神上彻底摧垮"俾斯麦"号战列舰。

在"俾斯麦"号战列舰上,维修人员发现尾舵的舵叶被固定在了一个向右舷12°的位置。经过抢修之后,这个严重的损失还是没能整修好。很显然,整艘战舰已经失去了转向控制,这是致命的损伤,损管部门无法修好它。

德国人在设计时考虑出现这种情况的几率只有十万分之一,但偏偏让英国人撞上了。当初在东海进行的试航过程中就已经清楚地体现了这个毛病：当"俾斯麦"号战列舰取固定的尾舵方向时，并不能完全依靠自身三个分控螺旋桨保持在固定的航线之上，再外加上当时强劲的西北风更是直接将这艘大军舰的航线给吹"偏"了。

德国人也明白，朝北行驶是主动投入英国人的包围圈，但他们也只能眼睁睁地看着"俾斯麦"号战列舰离法国海岸越来越远，燃料已经不足以再支撑它驶回任何一个港口。此时"俾斯麦"号战列

"俾斯麦"号甲板上，德国水兵正在做最后的清理

舰的最高向前时速只有 7 节，这也就意味着那些尾随赶来的英国军舰随时都可能追上。飞扬跋扈的 "俾斯麦" 号战列舰命运已定，无论如何挣扎，都已无力回天了。

德舰上的官兵们早就预感到渺茫的前途。他们感到这个夜晚特别的短暂，人生还有那么多的期盼，他们又感到特别的漫长，每一分钟都在煎熬，他们并不期盼天亮，那意味着英国军舰将成群地出现，将死亡的钟声敲响。

★现代航空母舰的原型：英国 "皇家方舟" 号航空母舰

20 世纪 30 年代，各国列强为争夺海上霸权，疯狂扩充海军。由于英国是最早开发和研制航空母舰的国家，在不断建造大型战列舰的同时，决定专门设计建造新式舰队航空母舰。但由于《华盛顿条约》对航空母舰标准排水量的限制，设计之中顾虑重重。首先在设计时考虑在不增加排水量的条件下，为航母提供最大面积的飞行甲板。由于军方要求能搭载超过 60 架飞机，使设计师只能把原来的机库增多一层，两层机库，上层长 173.1 米，宽 18.3 米，高 4.9 米，下层长 137.8 米，宽、高与上层相同。由于增加了机库，排水量不变，原设计可防御美制 1000 磅航空炸弹和 6 英寸炮的装甲被大打折扣，特别是削减两舷的装甲，使它的防御力变弱。

1935 年 9 月 16 日，"皇家方舟" 号航空母舰开工，1937 年

4月13日下水时，正式被命名为"皇家方舟"号航空母舰（老舰"皇家方舟"号航空母舰则更名为"飞马座"号航空母舰）。1938年11月16日该舰完工。"皇家方舟"号航空母舰的设计非常成功，它是英国皇家海军在第二次世界大战之前建成的一艘最具现代航母特征的舰只：全通式飞行甲板，右舷侧岛式上层建筑，高干舷和封闭式艏部等，飞机弹射装置和拦阻装置以及各种起降设备。该舰设有2个封闭式机库，共载飞机25架，精心的

"皇家方舟"号

设计和合理的布局使"皇家方舟"号航空母舰被誉为"现代航空母舰的原型"。

"皇家方舟"号航空母舰在第二次世界大战中战果辉煌，最出名的一次战斗时是1941年5月参与了围歼德国"俾斯麦"号战列舰的战斗，其舰载飞机成功将"俾斯麦"号战列舰方向舵击毁，为英国最终将该舰击沉赢得了宝贵时间。

遗憾的是，"皇家方舟"号航空母舰在1941年11月13日的一次袭击中受损。德国潜艇U-81号发射的4枚鱼雷中有一枚鱼雷命中目标，击中舰岛下方的右舷。几分钟后，大量入水使"皇家方舟"号航空母舰主机停止运转，航空母舰向右倾斜18°，救援组试图将航空母舰拖回港口，因为直布罗陀港并不远。13日夜间在抢修人员的努力下，电力系统与锅炉机组曾一度恢复，但海水不断涌入，14日凌晨4号锅炉组爆炸，大火无法控制。6点13分，"皇家方舟"号航空母舰开始侧倾，并翻转后沉入海底，长达14个小时的救援行动宣告失败。幸运的是，这场灾难只有一个人死亡。

英国首相丘吉尔写道："一切挽救这艘船的企图都失败了，于是在我们的许多战事中战绩显赫的这艘有名的老资格的军舰，就在离开直布罗陀只有40公里航程的时候沉没了。这是我们在地中海上的舰队所受到的一系列的惨重损失的开端，也是从来不为我们所知悉的一个弱点。"

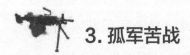

3. 孤军苦战

此时，焦头烂额的吕特晏斯向德国海军司令部发报，要求火速出动飞机和潜艇前来支援。实际上，此时的"俾斯麦"号战列舰离法国海岸仅 591 公里，如果"俾斯麦"号战列舰能够正常航行，不到 7 个小时它就能到达被德国占领的法国港口，同时也能进入岸基飞机的保护范围之中。但德国军舰如今朝西北方向行驶，离法国海岸线越来越远，德国的岸基飞机无能为力，这已经超出了岸基飞机的作战半径，而有强大作战能力的潜艇来不及赶回，能够赶来的潜艇也没什么作战能力——最后的鱼雷已经在上次作战中发射完了。德国人也明白，救援的希望很渺茫。

不过，德国最高统帅部和海军司令部发来鼓气电报，希特勒也亲自发电表彰吕特晏斯和林德曼以及全体官兵，希望能坚持战斗，为国争光，并告诉吕特晏斯，他将派出飞机和潜艇前来支援。

不过，直至"俾斯麦"号战列舰沉没，希特勒也没有派出空军和大量潜艇来支援"俾斯麦"号战列舰。更诡异的是，德国甚至没有动用港口内停泊的大型水面舰船来救援，哪怕是做个援救的姿态，吸引英国人注意力的动作都没有。"俾斯麦"号战列舰已经处于英国战舰的重围中，可是希特勒为何没有派出较大规模的救援队伍呢？这一直是让很多人不解的地方，甚至可以说是一个谜团。

不少史学爱好者认为，因为此时北非战事紧张，希特勒的大量飞机和潜艇已经派往支援北非战场，因此已经不可能赶来救援了，由此导致了"俾斯麦"号战列舰的孤立无援。军事学家分析以上原因认为，这也有一定的道理。

一直有一种说法认为，"莱茵演习"计划一开始，吕特晏斯就明白这是个难以实现的计划。吕特晏斯具有出众的指挥能力，作战

吕特晏斯海军上将

经验丰富，屡获战功。1937 年就成为德国海军中将，担任舰队副司令。吕特晏斯对海战一直有自己的独特看法，与所有德国海军军官不同，他放弃了硬碰硬的海上作战方式，实行的是海上灵活的游击战术：如果遇到比自己强大的对手绝不恋战，三十六计走为上策，然后趁对方放松警惕的时候再进行偷袭，声东击西；如果遇到弱的对手就坚决进攻。他的作战方式诡异，却灵活有效，因此他才能在一次行动中击沉英国的"光荣"号航空母舰，这是世界上第一次用舰炮击沉航空母舰。

"沙恩霍斯特"号用前主炮炮击"光荣"号

自从吕特晏斯击沉"光荣"号航空母舰后，他很快被提升为海军上将，并被海军司令雷德尔充分信任，委以"莱茵演习"计划的重任。"莱茵演习"是以破坏英国的海上生命线为主要目标，冲破英国的大西洋封锁线，对英国实行大规模的海上破交战。德国一开始派出的是 4 艘战舰："俾斯麦"号战列舰、"沙恩霍斯特"号战列巡洋舰、"格奈森诺"号战列巡洋舰、"欧根亲王"号重巡洋舰。这四艘战舰火力强大，尤其是"俾斯麦"号战列舰是当时世界上最强的战列舰，但英国毕竟是海上强国，曾经号称"日不落帝国"，它的实力比德国强得太多。当时英国拥有战列舰 12 艘，战列巡洋舰 3 艘，巡洋舰 56 艘，驱逐舰 183 艘，还有 6 艘航母。德国舰队就算再强大，一旦硬碰硬打起来，也无异于以卵击石。

作为"莱茵演习"行动的指挥官吕特晏斯自然知道这个计划的危险程度极高，他虽无法反驳希特勒的决定，但是以缓兵之计来延缓这一计划的实施。因为同时计划参加演习的"沙恩霍斯特"号战列巡洋舰主机发生故障，"格奈森诺"号战列巡洋舰被英国空军炸伤，不能出海，处于维修中，他要求等这两艘战舰维修好再一同实行计划，突破大西洋，这样胜算的把握又增大几分。原本 4 月份准备实施的计划转眼就拖到了 5 月，然而他突然接到德国海军司令雷德尔的命令：5 月 18 日必须实行"莱茵演习"计划，仅"俾斯麦"号战列舰和"欧根亲王"号重巡洋舰出航。

原来，在第二次世界大战初期，由于盟国准备不够充分，纳粹军队几乎没有遇到大的问题。1941 年 2 月 11 日，"沙漠之狐"隆美尔奉希特勒之命率领德国远征军登陆北非，增援意大利盟友，阻止盟军对北非的收复。

军队到北非后，他立即对前线地区作了空中侦察，尽管隆美尔仅仅被命令维持战线，但他认为"最好的防御就是进攻"。1941 年 3 月从阿盖拉发动的一次装甲侦察很快变成了一场全面攻势。三四月间，盟军节节败退，并且有大量人员被俘。除了澳大利亚第 9 步兵师退往港口要塞托布鲁克，并牢牢守住了这个港口，其余的英联邦军队再向东撤退 160 公里，退到了利比

北非战场上的隆美尔

亚和埃及边境。德意联军主力将托布鲁克以重兵包围，同时继续向东推进，然后进入埃及，在四月底占领了塞卢姆和战略要地哈法雅隘口。

就在 1941 年 4 月 13 日这天，隆美尔遇到了麻烦：攻打北非最重要的，最适合登陆的港口托布鲁克失败了。隆美尔没能占领托布鲁克，导致隆美尔在塞卢姆的前沿阵地位于通往的黎波里的漫长补给线的终点，并受到托布鲁克守军的威胁，进攻埃及受挫。盟军通过对托布鲁克的占领从而重新掌握了主动权。

在反复进攻无果后，隆美尔向希特勒请求派出海军增援，并要求牵制住英国的海军。就这样，希特勒强令海军部实行这个本来难度就很高的"莱茵演习"行动，让"俾斯麦"号战列舰出现在大西洋中，招摇过市，牵制住英国海军的注意力。他或许认为"俾斯麦"号战列舰有足够坚硬的装甲，能抵挡住英国海军的围攻。希特勒此时是要将德国的海军派到北非，全力支持隆美尔的"沙漠行动"。吕特晏斯知道此次行动极为凶险，因此他在行动前曾对一位朋友说："这一次行动实力相差悬殊，恐怕会搭上我的老命。"

吕特晏斯显然清楚知道希特勒的意图，他早就做好了打算，不仅要牵扯住英国海军的力量，为隆美尔的"沙漠行动"提供支援，还要给予英国军舰重创，建功立业。这或许就可以理解他行动中的一些行为，例如为何"俾斯麦"号战列舰在白天大模大样地停泊在挪威的格里姆斯特峡湾，而没有立即悄悄驶入大西洋。这么大一个庞然大物目标太明显了，果然，一架英国飞机发现了它停泊在挪威海岸。这明显有故意暴露自己的行踪之嫌。由于"俾斯麦"号战列舰的威名早已在外，自然引起了英国海军的高度重视，它的出航意味着德国人在准备发起一次大的行动。当时英国的海上生命线已经遭到德国的重创而摇摇欲坠，如果再让"俾斯麦"号战列舰这个巨舰猛兽投入到大西洋中开战，这将对英国的海上生命线给予致命的打击。虽然不知道"俾斯麦"号战列舰的具体作战计划，但"俾斯麦"号战列舰的去向肯定是北大西洋，来者不善，英国本土海军司令托维只能在"俾斯麦"号战列舰可能出现的地方进行拦截部署，由于"俾斯麦"号战列舰诡异的行踪，英国人不得不投入大量的物力和人力来事先预防。英军在欧洲战场、北非战场的作战，赖以生

英国海上运输船队

参与围歼"俾斯麦"号的英国皇家海军地中海舰队

存的是大西洋、地中海交通线源源不断的输血。"俾斯麦"号成了
一个巨大的诱饵，将英国人的注意力吸引向了"俾斯麦"号战列舰
可能出现的海域。

在这场"俾斯麦"号战列舰的围歼战中，英国共出动了59艘
军舰，其中包括8艘战列舰、2艘航空母舰、14艘巡洋舰、22艘驱
逐舰、6艘潜艇及基地飞机，这几乎是英国海军力量的一大半。从
"俾斯麦"号战列舰的行动来看，它确实也成功地将英军注意力吸
引过来了，为了围歼"俾斯麦"号战列舰，英国人甚至让护航的巡
洋舰脱离商队，前来助战。只不过不幸的是，"俾斯麦"号战列舰

这个诱饵最终沉到了大西洋底，这是希特勒没有想到的。因为他曾经称这艘战舰为"不沉的堡垒"，他以为"俾斯麦"号战列舰能够经受住英国战舰的轮番攻击，毕竟它是当时德国心目中的雄狮，集中了德国最先进的技术。他过于相信"俾斯麦"号战列舰的实力了，所以最终导致了"俾斯麦"号战列舰的无可救援——救兵都远在天边。

这或许也可以解释，当"俾斯麦"号战列舰处于危险之中时，德国人虽然也试图来救援，但是没有采取积极的行动。相较于"俾斯麦"号战列舰的沉没，北非战场的胜利更加重要。况且，德国的"狼群"潜艇们正在北大西洋展开大肆掠杀，战果惊人，同样也能给予英国运输线重创。

★另眼看隆美尔

德国的著名军事将领隆美尔指挥的战役，被西方世界誉为"神话"。在进攻比利时、荷兰、法国的战斗中，他以伤亡几千人的代价，击溃了数十万敌军，仅俘虏就有几万人。进展速度快得令希特勒都不敢相信了，连下数道命令，让他停止进攻，结果给英法军队提供了敦刻尔克大撤退的机会。

在非洲战场，他更是充分展现了军事才能，无数次以弱胜强打得英军溃不成军，创造了多个战争史上的奇迹，被称为"沙漠之狐"。然而，尽管他指挥的战斗可以说几乎战无不胜，但是，他的

隆美尔和他指挥的德军第 15 装甲师

胜仗打得越多,就越陷希特勒于不利。

当时的主战场在苏联和西欧,德国应该集中主要的精力在上述战场,隆美尔只要维持非洲战场的局面就行了。但他天生的攻击性和卓越的战术天才,使他不断地攻击英军。他在战术上不断取得胜利的同时,在战略上却影响了希特勒,分散了德军在主战场的力量。

他要希特勒支援他在北非的战场,其间接结果让德国人心中的骄傲——"俾斯麦"号战列舰,成了吸引英军海上力量的诱饵。由于救援不及,"俾斯麦"号战列舰最终被英舰围歼于大西洋。

4. 疲惫的夜间混战

5月26日夜间至5月27日凌晨，注定是一个不平静的夜晚。在双方进行最后决战的前夜，"俾斯麦"号战列舰已经遭到了几次轰炸，但英国人不愿留给德国军舰任何一丝潜逃的机会，他们要杜绝任何可能的发生。

此时一度威风凛凛的"俾斯麦"号战列舰已经遭受了重创，航速大减，在大西洋上无力逃窜。在漆黑的海面上，雄心勃勃的英国军舰正在提速追赶着"俾斯麦"号战列舰。其中以"多塞特郡"号重巡洋舰的命令最为夸张，马丁舰长下令全速航行，准备截击"俾斯麦"号战列舰，并且可以在必要的时候撞击对手。

时间在一分一秒的过去，英国人撒下的巨网开始收网了。德国军舰与追击而来的英国军舰距离越来越小，"俾斯麦"号战列舰上的船员感到在黑暗的天幕下，英国军舰随时都有可能出现，发动一场袭击。追赶而来的"科萨克"号驱逐舰、"毛利人"号驱逐舰、"西克"号驱逐舰和"佐鲁"号驱逐舰首先对"俾斯麦"号战列舰发动了攻击，黑夜中一条条鱼雷射向"俾斯麦"号战列舰，在水面上划出一条条白线，试图将死亡的长线牢牢锁住"俾斯麦"号战列舰。在"俾斯麦"号战列舰的周围，不时激起了巨大的水柱，庞大

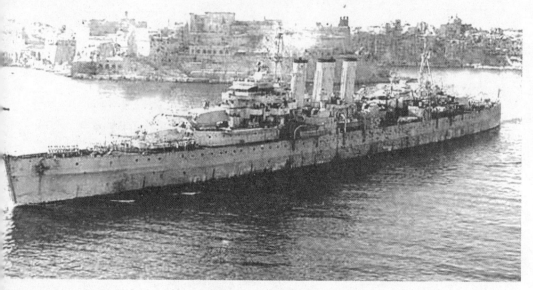

"多塞特郡"号重巡洋舰

而笨重的"俾斯麦"号战列舰左右规避，尽管此时方向极难控制，甚至旋转方向对"俾斯麦"号战列舰而言是一个艰难的举动，但它幸运地躲过了驱逐舰的首轮鱼雷攻击。

尽管"俾斯麦"号战列舰已经身陷重围，但它的气势不减，毫不示弱，舰上的炮手们迅速地回敬了对手猛烈的炮火。炮弹和照明弹的火光将海面不时照亮，炮声隆隆，双方都打红了眼，都不顾一切地拼命射击。"皇家方舟"号航空母舰上的"剑鱼"式鱼雷轰炸机加入了这场混战，无所畏惧地飞到"俾斯麦"号战列舰的上空，抖动着机翼，从各个方向投下鱼雷。此时另外的部分驱逐舰也赶来了，也加入到战斗中。

时间一分一秒地过去，海面上炮火不断，几乎没有停顿过，一颗颗照明弹不时划破夜空，将整个海面霎时照亮。驱逐舰丝毫没有要停下来的意思，它们不停地用炮火与鱼雷攻击着"俾斯麦"号战列舰。尽管相较于"俾斯麦"号战列舰威力巨大的大炮，驱逐舰的炮火没有那么猛烈，可它们人多力量大，也颇能让"俾斯麦"号战列舰上的炮手们手忙脚乱了。不过事实上由于夜间能见度太低，双方发射的炮弹或鱼雷大多未命中目标，这更像是一场多对一的混战，一场不计成本的弹药倾泄战。

在巨大的主炮塔下，"俾斯麦"号全体舰员列队

在这场混战中，英军的记录显示"俾斯麦"号战列舰中了2枚鱼雷，不过另有资料显示"俾斯麦"号战列舰此轮攻击中受到的损伤并不大。英国"毛利人"号驱逐舰后来声称该舰命中了"俾斯麦"号战列舰1枚鱼雷，并将这个数字加在了"俾斯麦"号战列舰所承受的鱼雷总数当中。不过，德国军舰并没有被击中。后来包括枪炮官冯·穆伦海姆－雷希贝格男爵在内幸存的德方人员，证实夜间并没有鱼雷命中了"俾斯麦"号战列舰。倒是"俾斯麦"号战列舰的前甲板在3点左右发生了一场小火灾，原因可能是由于照明弹落到了该处甲板上，火焰后来被海浪扑灭。可能正是这一火灾使英国驱逐舰的舰员误以为鱼雷命中了目标。

有资料显示，1点20分至1点50分，"俾斯麦"号战列舰舰首甲板起火，约3点左右，"俾斯麦"号战列舰停了下来，这时它大约位于布勒斯特以西400海里处。凌晨3点后，"俾斯麦"号战列舰重新起航，保持8节航速航行。

由于英国人的轮番攻击，受伤的"俾斯麦"号战列舰无法进行有效的损管作业，舰上的人员也没有得到休息。此时，"俾斯麦"号战列舰全舰上下都弥漫着绝望的气氛，疲惫不堪的水兵们静候着白天的到来，等待着最后的决战。军人的尊严让他们保持了最后的骨气。

黎明前夕，英国驱逐舰为避免损失，撤离了战场。

★鱼雷趣闻

趣闻之一：1916年5月，在日德兰海战中，英军"鲁普斯"号超级无畏战舰向德国军舰发射了一枚鱼雷。由于发现及时，德国军舰成功避开了这枚鱼雷的攻击。此后，这枚"自由"鱼雷便在大海里神秘漂游，行程超过10万公里。20世纪60年代，它第二次周游

英国潜艇吊装鱼雷

美国 "衣阿华" 号战列舰

世界各大洋，继而转向内海，直到1972年才突然销声匿迹。这枚犹如幽灵的鱼雷半个多世纪里在各大洋横冲直撞，它究竟靠什么动力驱动，又如何能成功躲避各种障碍物？至今仍是个谜。

趣闻之二：1943年11月14日，美国总统罗斯福到当时美国最大的 "依阿华" 号战列舰上观看演习。

突然，一枚鱼雷窜出水面，向 "依阿华" 号战列舰扑来。怎么办？舰长果断下令，让舰上所有火炮对准鱼雷射击。此法果然奏效。事后调查，施放鱼雷的不是别人，却是自家的一艘驱逐舰。这艘驱逐舰上的水兵一时疏忽，竟把一枚鱼雷忘在了射击管内。航行时，该舰按照预定方案，把"依阿华"号战列舰作为目标进行攻击练习，没想到，这枚漏网鱼雷真的飞了出去，还把总统罗斯福当作了目标。

趣闻之三：中途岛海战中，日本海军"加贺"号航空母舰遭到美军轰炸机的猛烈攻击。身中数弹后，"加贺"号航空母舰整个舰桥和甲板起火。日军水兵纷纷跳海逃生。这时，美军一艘潜艇又向"加贺"号航空母舰发射了3枚鱼雷，其中1枚击中了舰体。

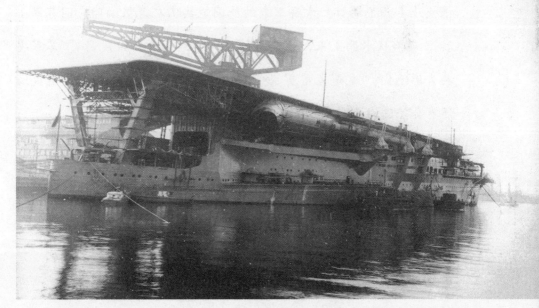

日本"加贺"号航空母舰

可奇怪的是，这枚击中舰体的鱼雷并没有爆炸，而是断成了两截。鱼雷前半截很快便沉没了，而带着发动机的后半截却漂浮在水上。那些在海水中挣扎的日军水兵看到这根救命稻草，争先恐后爬了上去。

趣闻之四：1943年4月，德军对新罗西斯克南面苏军登陆场实施反击。苏联人发现德军在新罗西斯克港防波堤后面修筑了迫击炮和大口径机枪阵地。舰上的炮火打不到它，用飞机去轰炸，但敌人防空力量很强。有人提出让鱼雷实现登陆作战。苏联专家们觉得这个方案可行，并改装了鱼雷，能够使鱼雷飞过防波堤高度之后爆炸。果然，在战斗中这些鱼雷冲上水面，越过了防波堤之后爆炸，把德军迫击炮阵地、大口径机枪阵地炸得稀巴烂。苏军发起登陆，很快地占领了港口。幸存下来的德国炮兵实在是很纳闷，问苏军士兵："那些从水面上来，会翻腾的炸弹，到底是什么武器？"苏军士兵告诉他们："这是鱼雷！"德国士兵目瞪口呆，摇头说："没听说过还有会登陆的鱼雷！"

趣闻五：1940年4月，德国海军派出30艘潜艇在挪威海域同英国护卫舰运输队作战。德国人很快发现一个奇怪的现象，发射出去的鱼雷几乎全部没有爆炸，即使钻进了运输船的舱内也没有爆炸。德国潜艇部接二连三收到这种报告，仅4月11日这一天，各艇发射的磁感应鱼雷，有50%以上失灵。德国潜艇部迅速调查原因，发现鱼雷出厂时是好的，在试验海域的实验也命中率很高，

发射人员和潜艇机械都没有问题。直到 1942 年，才真正找到这些
鱼雷失灵的原因。原来是鱼雷的磁感应引信在"O"号地带，受
到地磁影响而失灵。根据原理，磁感应鱼雷必须沿船底下通过，
由地球磁场和舰船磁场共同作用于磁感应引信的发火针，从而使
鱼雷在舰船底下爆炸，可是那次挪威作战海域是"O"号地带，
靠近极区。而地球的纵向磁场是接近极区而递减，德军发射的鱼
雷的磁感应引信，事先没有根据海区磁场情况进行调整，因此造
成了鱼雷失灵。

第五章

巨舰的魔力

★ "俾斯麦"号战列舰在遭受到概率非常小的厄运的情况下，仍然进行
了顽强抵抗，它不愧为德国海军的骄傲。就连下沉的时候，整个海面
也被它的光彩所照亮。

★ 在"阿贾克斯"号轻巡洋舰舰桥上，所有的人，甚至连哈伍德在内，
全都陷入了沉默。在他们前面的远处，一股巨大的浓烟升腾在空中。
舰上的扩音器里依然传出迈克的尖厉而结巴的声音。在他的话音后
面，可以听到人群中发出的阵阵喧闹声和从那股垂死的军舰上传来的
雷鸣般的爆炸声。

★ "俾斯麦"号战列舰末日传奇故事依旧让人浮想联翩，其中最让人
关注的问题是，它究竟是被英国军舰击沉的还是被德国船员自行凿
沉的？

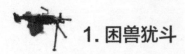

1. 困兽犹斗

5月27日7点许,"俾斯麦"号战列舰在布勒斯特西北400公里(一说是600公里)处,正缓慢地以10节航速向北航行,离法国布勒斯特越来越远。

吕特晏斯知道英军舰队正在步步逼近,"俾斯麦"号战列舰处境岌岌可危!可是,已经没有任何办法能够避免这种悲剧的命运了。

一大早,早有心理准备的吕特晏斯就接到通报,雷达侦测发现有大队敌舰出现,在舰长的指挥下,"俾斯麦"号战列舰历尽艰难地转过头来,拖着歪七扭八的航迹向英国人蹒跚而来。这一刻,它选择调转头来,迎敌而上,尽管在英国军舰的包围中完全落于下风,却显得毫不示弱,带有几丝悲壮的色彩。

在战斗开始前,吕特晏斯决定用Ar196型水上侦察机将"俾斯麦"号战列舰上的作战日志带走保存,这种飞机的最大航程可以保证它到达法国。不过Ar196要靠蒸汽弹射器才能在恶劣天气下起飞,但当时弹射架已经被英国炮弹摧毁,无法使用了。由于飞机已经注满汽油,为了防止在战争中被击中爆炸引发甲板大火,飞机被绝望的空军人员推下大海。

"俾斯麦"号战列舰上配备的 Ar196 型水上侦察机

　　法国的西线指挥部命令距离"俾斯麦"号战列舰最近的一艘潜艇来接收这份宝贵的日志。但该艇由于携带的燃料不够，只好中途返回基地。于是指挥部派另一艘 U–74 号潜艇来完成这项任务，但是这艘潜艇根本没有可能靠近"俾斯麦"号战列舰。

　　8 点 20 分，托维的主力舰队终于赶来了！"英王乔治五世"号战列舰拥有 10 门 356 毫米主炮，16 门 133 毫米副炮，最高航速可达 29 节。"罗德尼"号战列舰外观比较奇特，它的主炮全部集中在舰首，它拥有 9 门 406 毫米主炮，152 毫米火炮 12 门。这两艘军舰

"罗德尼"号战列舰，9门406毫米主炮全部布置在舰首

的火力强劲，足以对抗"俾斯麦"号战列舰的威猛火力！

此时，托维正坐镇在"英王乔治五世"号战列舰的舰桥，仔细地思考着当前的状况。他已经知道"俾斯麦"号战列舰受到了鱼雷机的打击，机动性大打折扣，但是对于这个对手究竟还剩下多少战斗力则不是十分清楚。现在他有两种选择，一种是向正东方向航行，开过"俾斯麦"号战列舰的前方，拦在德国军舰的北面，这样可以用全部侧舷火力形成对德国军舰的"T"字型阵势。另一种是向东南方向航行，从西面接近"俾斯麦"号战列舰，由于此时正是日出后不久，东面的天空光线良好，正好可以衬托出德国军舰的身影，方便炮兵瞄准目标。经过一番权衡，托维下令舰队提速，向东南偏东方向开去，占领"俾斯麦"号战列舰西面的有利射击阵位。

与此同时，在"俾斯麦"号战列舰上，警报声响彻全舰：左前方有2艘英国战列舰！尽管这一天风浪较大，但是战场上的能见度很好，"俾斯麦"号战列舰后来的幸存者——枪炮官施耐德和穆伦海姆·雷希贝格男爵等人都很快就认出了这2艘英国战列舰是"英王乔治五世"号战列舰和"罗德尼"号战列舰。尽管这几乎是一场毫无悬念的战斗，但是紧张的气氛还是在双方水兵中迅速地蔓延，双方都忐忑不安地等待着炮声响起。

8点50分，"英王乔治五世"号战列舰和"罗德尼"号战列舰拉开约2000米距离，以分散德国军舰火力。在2.3万米距离上，"罗德尼"号战列舰以 406 毫米的主炮首先开火，炮弹纷纷落在"俾斯麦"号战列舰的四周，此时困兽犹斗的"俾斯麦"号战列舰的火炮正在转动瞄准，准备毫不示弱地予以还击，它将炮口对准了"罗德尼"号战列舰。

在"俾斯麦"号战列舰开火之前，"英王乔治五世"号战列舰的齐射也在它的周围激起无数水柱，356 毫米的炮弹直冲"俾斯麦"号战列舰而来。一瞬间，海面上硝烟弥漫，周围水柱冲天。两艘战列舰的主、副炮正朝它倾泻着大量炮弹。跟在战列舰后面的英国巡洋舰也投入了战斗，瞅准时机朝"俾斯麦"号战列舰猛轰。

由于"俾斯麦"号战列舰的舵机已经失灵，因此它的反应要远远慢于正常的速度，身躯庞大的"俾斯麦"号战列舰极其困难地缓

"俾斯麦"号战列舰周围被"罗德尼"号战列舰 406 毫米主炮炸起巨大水柱

缓右转，将战舰侧面面对英国军舰，以便发挥全部主炮火力。很快"俾斯麦"号战列舰 381 毫米的炮火毫不示弱完成回击，它把回击的重点放在"罗德尼"号战列舰上，甚至还在第三次齐射中击中了"罗德尼"号战列舰。

由于交火距离很远，而且双方舰艇正在异向行驶导致距离迅速缩短，这都给观测与火控工作带来了一定程度的麻烦。炮弹需要花费半分钟以上的时间才能飞过约 2.3 万米的距离，而枪炮官们在观测到弹着点之后才能对弹道进行修正，因此双方的射击频率都比较缓慢。但是由于能见度良好，双方火控人员的测距工作整体来说都比较成功。

在双方战列舰的大口径炮弹你来我往的时候，北面的 2 艘英国重巡洋舰继续全速向西航行，从"俾斯麦"号前方越过，然后转身南下，占据了德国军舰东侧的射击阵位。8 点 54 分，"诺福克"号重巡洋舰在 2 万米的距离上开始向"俾斯麦"号战列舰的右舷发射炮弹，于是德国人陷入了左右夹击的困境中。

大约在 8 点 58 分到 9 点之间，"罗德尼"号战列舰在 18 000 米的距离上进行了第 4 次和第 5 次齐射，共有 2 发 406 毫米的炮弹命中了"俾斯麦"号战列舰舰体前部主炮群坐落的区域，导致前主炮群严重受损。爆炸的气浪带着碎片猛烈地冲上舰桥，舰桥上的建筑物当即被破坏得一片狼藉，到处是扭成一团的角铁、支柱和杂乱无章的碎片。"俾斯麦"号战列舰的火力大减。

英国水手给"罗德尼"号的巨炮运输炮弹

"诺福克"号重巡洋舰发射的一发203毫米炮弹命中了前桅楼，破坏了前部火控室。9点02分又有一发406毫米炮弹命中了前主炮群的B炮塔，这发炮弹贯穿了炮塔正上部180毫米厚的装甲板穿入塔内并发生爆炸，塔内2门主炮的升降装置被破坏，英国水兵们很快就观测到这2门主炮的炮口向上抬起到30°的最大仰角，这座炮塔也完全丧失了战斗力。就这样，开战刚刚15分钟，"俾斯麦"号战列舰已经丧失了一半的主炮火力和前部火控室。

被群炮围攻的"俾斯麦"号战列舰在这一刻显得特别顽强，它拼死还击，不过无济于事，笨重的身躯和舵机失灵使它根本无法躲避四处飞来的炮弹。在雨点般的炮火中，很快"俾斯麦"号战列舰主炮射击指挥仪被毁，射击精度大幅下降，德国军舰回击的炮火大部分打在了英国军舰的周围。

由于猛烈的炮火袭击，"俾斯麦"号战列舰上已经起火了，浓烟从各个地方猛烈地向外喷冒。"俾斯麦"号战列舰的甲板已经一片狼藉，破钢碎铁中，横七竖八地躺着许多具尸体。上层建筑物，如烟囱、桅杆、舰桥等等都被掀掉了。在浓烟下，阴郁灰暗的舰体上，一条条高高的红色火舌开始吞噬着一切。烟雾越来越浓烈，"俾斯麦"号战列舰成了英军练习炮击的靶子了。

9点13分，"罗德尼"号战列舰暂时中止了炮击。3分钟后，"罗德尼"号战列舰在大约1万米的距离上用水下鱼雷发射管向"俾斯麦"号战列舰发射了1条622毫米鱼雷，但是未能命中。

　　鉴于"俾斯麦"号战列舰已经基本丧失了战斗力，英国战列舰大摇大摆地开始了战术机动，首先是"罗德尼"号向右舷转了一圈后掉头北上，与"俾斯麦"号战列舰的相对位置也由异向同舷改为同向异舷。而距离德国军舰较远的"英王乔治五世"号战列舰在停火后选择了向左舷回转北上的路线，这样也缩短了与目标之间的距离。"俾斯麦"号战列舰的后主炮群的2位炮长则不约而同地重新将距离较近的"罗德尼"号战列舰作为打击目标，陆续进行了一些零星的独立射击，但是由于没有统一的火控，无法对英国军舰造成太大威胁。而两艘英国战列舰在相继完成了转向之后，重新恢复了对"俾斯麦"号战列舰的炮击行动。

　　9点20分，战场之外的"皇家方舟"号航空母舰开始起飞"剑鱼"式鱼雷攻击机，共有12架飞机陆续起飞，随后向战场飞去。"皇家方舟"号航空母舰的飞机也赶来凑热闹了，这一开始让"英王乔治五世"号战列舰上的高射炮兵大吃一惊，误以为是德国飞机赶来支援，立即用高炮向飞机发射炮弹，不过并未击中。此后的联络消除了这些误会。这些飞机并未找到向"俾斯麦"号战列舰投弹的机会，"俾斯麦"号战列舰上弥漫的烟火以及如雨点般落在"俾斯麦"号战列舰周围的炮弹迫使飞行员们打消了投弹的念头。

　　在短短半个小时内，"俾斯麦"号战列舰的四门主炮都被英国的炮火打哑，残存的149毫米副炮此时依然在向对手喷吐着火舌，但是并没有产生什么效果。横飞的大口径炮弹很快就被对手一扫而光。

9点40分，"罗德尼"号战列舰竟然在距离"俾斯麦"号战列舰仅仅3600米处来回穿行，九门主炮连连齐射，弹如雨下，"俾斯麦"号战列舰上层建筑烈焰翻滚，浓烟四起，面目全非，船舱内蒸汽管道被炸断，气雾弥漫，海水大量涌入舱室，舰体开始急剧左倾。

曾几何时，不可一世的"俾斯麦"号战列舰上如今已是血流成河，甲板上到处在爆炸燃烧，到处是尸体。吕特晏斯坚守到了生命的最后一刻，他在舰桥内指挥时，一发炮弹打中了舰桥，他当场死亡。

托维见"俾斯麦"号战列舰沉没只是时间问题，而"英王乔治五世"号战列舰和"罗德尼"号战列舰燃料即将耗尽，便命令"多塞特郡"号巡洋舰和"毛利人"号驱逐舰留下来实施最后一击，其他军舰开始返航。

★第二次世界大战中德国主要战舰的结局

（1）"梯比兹"号战列舰

"梯比兹"号战列舰服役后一直躲躲藏藏，没有打过一场堂堂正正的海战。可是它牵制了大批英国军舰，使皇家海军不敢放手在其他作战方向用兵。皇家海军航空兵和皇家空军一道，曾先后出动600架次飞机，对它进行了13次大空袭，终于在1944年

11月12日第13次空袭中由苏格兰空军基地起飞的29架重型轰炸机，用3枚重6吨的炸弹将它炸沉在挪威特罗姆塞港附近的林根峡湾。

（2）"沙恩霍斯特"号战列巡洋舰

1943年12月26日，在挪威北角附近海域奉命截击JW55B运输船队时，被英国"约克公爵"号战列舰为主的舰队发现，遭到围攻，命中数百发炮弹，被17枚鱼雷炸沉，舰上只有36人生还。

（3）"格奈森诺"号战列巡洋舰

1945年3月28日，作为阻塞舰被击沉在波兰的格丁尼亚，后来被苏联打捞上来，最后于1951年4月7日解体。

（4）"斯比伯爵"号袖珍战列舰

在1939年12月13日，被3艘英国皇家海军巡洋舰在拉普拉塔河口截住，经过激战后该舰驶入了中立国乌拉圭的蒙特维迪亚港。迫于强大的军事和外交压力，该舰于15日被迫自沉。

（5）"舍尔海军上将"号袖珍战列舰

1945年4月9日，"舍尔海军上将"号袖珍战列舰在停泊中被英国皇家空军轰炸机发现，被命中5枚炸弹后沉没。

（6）"吕佐夫"号袖珍战列舰

1945年4月6日，"吕佐夫"号袖珍战列舰在施韦因蒙德以南遭到英国空军轰炸机投下的5.5吨炸弹攻击，尽管没有命中，但几枚近失弹所造成的损失使得该舰坐沉在浅水区。在战争的最后几个

"俾斯麦"号的姊妹舰"梯比兹"号

星期里，它被用作固定炮台，随着苏军的进一步挺进，为避免被俘获，该舰于 5 月 4 日自行炸毁。

（7）"布吕歇尔" 号重巡洋舰

1940 年 4 月 9 日，在奥斯卡斯柏格峡湾遭到挪威海岸炮攻击，随后被挪威固定鱼雷发射管发射过来的 2 枚鱼雷命中，发生大爆炸，两个小时后倾斜翻转沉没。

（8）"塞德利茨" 号战列巡洋舰

1945 年 4 月 10 日在德国柯尼斯堡自沉。

（9）"希佩尔海军上将" 号重巡洋舰

1945 年 5 月 3 日在基尔港内被英国皇家海军的轰炸机炸沉。

（10）"卡尔斯鲁厄" 号巡洋舰

1940 年 4 月 10 日，在挪威克利斯蒂尼亚附近海域被英国皇家海军 "懒惰" 号驱逐舰用鱼雷击成重伤，随后由德国鱼雷艇 "神鹰" 号击沉。

（11）"柯尼斯堡" 号轻巡洋舰

1940 年 4 月 10 日，在挪威的卑尔根遭英国皇家空军的轰炸机攻击，被命中 3 枚炸弹后沉没。

（12）"莱比锡" 号轻巡洋舰

1944 年 10 月 15 日被 "欧根亲王" 号重巡洋舰撞成重伤，由于破坏了整个舰体结构，从此报废，1946 年 12 月 16 日被英国凿沉于北海。

（13）"埃姆登"号轻巡洋舰

1945年5月3日，在德国基尔港内被英国皇家空军轰炸机炸沉。

（14）"科隆"号轻巡洋舰

1945年4月30日在德国威廉港被美国轰炸机炸沉，随后于1946年被打捞解体。

（15）"莱伯勒希特·马斯"号驱逐舰

1940年2月22日在北海博尔库姆岛附近海域航行时，遭到己方空军轰炸机攻击，被命中一枚炸弹后沉没。

（16）"马克斯·舒尔茨"号驱逐舰

1940年2月22日，在北海博尔库姆岛附近海域航行时，在躲避己方空军轰炸机攻击时，触发水雷后沉没。

（17）"威廉·海德坎姆"号驱逐舰

1940年4月10日在纳尔维克海战中，遭到英国皇家海军"勇敢"号驱逐舰攻击，被命中一条鱼雷后沉没。

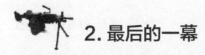

2. 最后的一幕

中弹无数的"俾斯麦"号战列舰尽管残破不堪，出现了严重的侧倾，但仍然没有立即沉下去。在英国人的预计中，这艘饱受炮轰和鱼雷攻击的"战舰"早该沉没了，可它却如此顽强，完全出乎意料。换成是任何一艘其他的军舰遭受如此严重的炮击，估计早已沉没。

10 点 25 分，英国"多塞特郡"号重巡洋舰脱离编队，受命来最后终结"俾斯麦"号战列舰。"多塞特郡"号重巡洋舰舰上的官兵，对 3 天前"俾斯麦"号战列舰击沉英国"胡德"号战列巡洋舰那一幕仍然记忆犹新，复仇心切。它大摇大摆地行驶至距离"俾斯麦"号战列舰右舷约 3000 米的位置，一边开炮，一边在几乎没有受到干扰的情况下发射了 2 枚 533 毫米鱼雷。因为此时"俾斯麦"号战列舰的主要武器已经被摧毁不能用，德国人已经不能还手。海面上划出两条白线，直奔目标而去。很快，在"俾斯麦"号战列舰舰桥右后侧船体的位置，巨大的水柱腾空而起，两条鱼雷全部命中目标。

此时，"多塞特郡"号重巡洋舰上的水兵们得意扬扬，准备观看德国军舰沉没时的壮观景象。然而事与愿违，"俾斯麦"号战列舰尽管踉踉跄跄，但依旧悬浮在海面。有人分析，这两枚鱼雷发射前，"俾斯麦"号战列舰已经稍微向左倾斜，当时为了命中目标，两枚鱼雷定深较浅，如果不出意外，它们应该是命中了右舷接近船底的部位。此时德国军舰的左舷大量进水，处于向左翻覆的过程中，命中右舷的鱼雷非但对这一过程毫无帮助，反而因鱼雷爆炸产生的巨大能量撕开了右舷的下部舰体，造成大量的进水，对船体起到了平衡注水的作用，暂时延缓了"俾斯麦"号战列舰的翻覆。

　　英国人有些恼火了，心有不甘的"多塞特郡"号重巡洋舰又绕到左侧，向"俾斯麦"号战列舰又发射了一枚鱼雷。

　　此时，"俾斯麦"号战列舰的甲板上已经一片狼藉，"俾斯麦"号战列舰的舰体已经被打得千疮百孔，几乎失去了它原来的形状，从舰首到舰尾，炮弹接二连三地在爆炸，烈火浓烟像火山爆发那样向外喷冒。在烈火和浓烟中，一些水手爬过破败不堪的舱面，从烈火熊熊的军舰上跳进波涛翻滚的大海里。

　　在"俾斯麦"号战列舰满目疮痍的舰体上，指挥官已经下达了弃舰并凿沉该舰的命令。据幸存人员的回忆，大概在9点30分左右，执行军官汉斯·欧莱斯下达了打开通海阀的命令，因为他接到了舰上4座主炮已经被摧毁的消息，所以必须弃舰自沉。

　　中央轮机室的指挥官格哈德·朱莱克是从轮机控制中心收到了弃舰自沉的命令，随后也和外界失去了联系。他一面派人去打听情况，一面率领轮机兵们匆匆开始做自沉的准备工作。可是直到自沉的全部准备工作都完成了，这些轮机兵们也没有接到任何进一步的指令。格哈德·朱莱克这才明白通信已经完全中断，于是只得下令所有水兵离开主机室，由机械长留下来在主机上安置炸药，设置了9分钟的起爆引信。直至机械长离开的时候，主机仍然在按照最后的命令运转。不久之后，已经逃到上层舱室的格哈德·朱莱克听到从轮机舱里传来了炸药爆炸的声音。此时右舷的储备浮力已经用完，当弃舰的命令被下达时，所有倾斜控制水箱里都已经注满了海水。

由于"俾斯麦"号战列舰的水兵大多是缺乏经验的新兵，在这种生死关头再也无法保持冷静，一古脑儿地向露天甲板上涌去。而许多舱门已经被关闭或者卡死，升降扶梯也已经停止运转，使下层舱室的许多水兵难以逃出，这更是加剧了水兵的心理压力，被困住的人从包括弹药提升通道在内的一切出口向上攀爬，不过很少有成功者。有些幸运的人倒是很快就逃到了露天甲板上，但此时英国舰队仍然有条不紊地发射着炮弹，将这些逃到甲板上的德国水兵炸得血肉模糊。

由于此时"俾斯麦"号战列舰的通信系统早已失灵，另外一部分人并不知道下达了弃舰的命令，有些人还坚守在岗位上，试图修复被摧毁的火力系统。

在经受了"多塞特郡"号重巡洋舰鱼雷的"致命"攻击之后，10点39分，"俾斯麦"号战列舰向左完全翻沉在海中。在翻覆过程中，该舰舰体内可能又有部分弹药发生了爆炸。随后该舰的舰首没入水中，将饱受炮弹蹂躏的舰尾抬起，然后缓慢地沉没，地点大约在北纬48°10′，西经16°12′。一位幸存的机械师声称，他在军舰沉没前曾看见舰长林德曼站在A炮塔之前的甲板上向军舰敬了一个军礼，然后随舰同沉。

有人后来这样描述，"俾斯麦"号战列舰进行了一次最勇敢的

"俾斯麦"号上弃舰逃生的水兵

战斗，抵抗着比自己人数多好几倍的敌人，以至于在它沉没时它的旗帜还在飞扬。

德国的潜艇正从北大西洋赶来，试图干预这场战斗，不过已经晚了。德国的空军因为不能在离他们最大航程之外只有几海里的地方参加救援，而急得团团转，可也无济于事。

"多塞特郡"号重巡洋舰上的官兵目睹了"俾斯麦"号战列舰最终沉没时的情景。英国人对德国人击沉"胡德"号战列巡洋舰的悲愤犹在，但一名英国水兵发现海面上有个德国人因失去双臂而只得用牙咬紧一根缆绳等待救援时，还是跳下海去营救。"多塞特郡"号重巡洋舰救起了85位幸存者，直到接到发现德国潜艇潜望镜的报告后，该舰才赶快离开了这片海域，此时水面上还有不少落水者在绝望地呼喊。

实际上，赶来的德国U-74号潜艇根本不可能进攻，因为早就没有鱼雷可以发射了。"毛利人"号驱逐舰救起了25人，U-74号潜艇从橡皮艇上救起了3名船员，1艘德国气象船"萨克森沃尔德"号在另外1艘救生艇上也找到2名船员。这些就是"俾斯麦"号战列舰上2200多名船员中的全部幸存者。吕特晏斯早已殉职，而舰长林德曼选择了与舰共沉的命运。

"俾斯麦"号战列舰上生还的军阶最高的船员米伦海姆男爵是"俾斯麦"号战列舰上2200名船员中死里逃生的幸存者中的一员。当时这位海军少校作为第四炮位的军官在负责火力控制的岗位上执勤。他被"多塞特郡"号重巡洋舰救起后转往加拿大拘禁。第二次世界大战结束后，他当过外交官，后来住在德国慕尼黑附近，并在那里写下了《战舰"俾斯麦"号：一位幸存者讲的故事》一书。根据他的叙述，他印象中的"俾斯麦"号战列舰最后的一幕是："……大火从舰桥一直烧到尾部。舰桥前方主炮塔的炮管向后弯曲着，那形状我记得很清楚，就像公鹿角，而且舰首楼也挨了不少炮弹。舰身钢板被火烧得通红，左舷的船头部分在海水中越陷越深。最后，整条船裹着浓浓的水蒸气沉进了大海。"

英国人终于为"胡德"号战列巡洋舰报仇雪恨了。"俾斯麦"号战列舰虽已沉没，但战斗还未结束。5月28日晨，德军轰炸机在其作战半径的极限海域攻击了返航中的英国舰队驱逐舰编队中的"马绍纳人"号驱逐舰和"鞑靼人"号驱逐舰。英国军舰由于燃料不足只能以低速航行，加之火力又弱，"马绍纳人"号驱逐舰被击沉。

6月1日，德军"欧根亲王"号重巡洋舰逃过英军尾追堵截，安全回到布勒斯特。英军根据破译的德军密码，对"莱茵演习"中预先出海的补给舰和油船展开围捕，至6月23日，2艘补给舰被英军缴获，5艘油船被英军击沉，无一幸免，至此宣告了"莱茵演习"计划彻底破产，也宣告了德军使用大型水面舰只破坏大西洋航线计划的结束，自此后，德国海军的水面舰艇再无大的作为。"俾斯麦"号战列舰的沉没，标志着大炮巨舰主义的破灭。

掠过海面的德国亨克尔式轰炸机编队

　　击沉"俾斯麦"号战列舰的消息让全体英国人精神一振，欢欣鼓舞，然而"俾斯麦"号战列舰在最终这场围歼战中所表现出来的勇敢和顽强，也让英国人钦佩不已。托维上将后来在他的记录里写道："俾斯麦"号战列舰在遭受到概率非常小的厄运的情况下（指方向舵被卡住），仍然进行了顽强地抵抗，它不愧为德国海军的骄傲。就连下沉的时候，整个海面也被它的光彩所照亮。

★活跃在军舰上的特殊水兵们

1. "九命灵猫"奥斯卡

奥斯卡是一只黑白色的大花猫，最先是德国"俾斯麦"号战列舰上的宠物，备受宠爱，在船上甚至有它的专属安乐窝。

1941年5月18日，奥斯卡随"俾斯麦"号战列舰一起参加了"莱茵演习"行动，这是"俾斯麦"号战列舰一生中第一次也是唯一的一次作战行动。在5月27日的那场恶战后，"俾斯麦"号战列舰沉没了，超过2200名船员中，只有110多人获救，当然这个数字没有包括"奥斯卡"。军舰下沉后，奥斯卡蜷缩在一块木板上漂了几个小时后，被英国"哥萨克人"号驱逐舰救起。它是"哥萨克人"号驱逐舰救起的唯一幸存者。驱逐舰上的船员认为这只猫命大，就把它留下来作为本舰的吉祥物，由于不知道它的德国名字，于是船员们就给它取名叫"奥斯卡"。

1941年10月24日，"哥萨克人"号驱逐舰被德国潜艇U-563发射鱼雷击中，另一艘驱逐舰"军团"号试图拖走它。但由于天气恶劣未果，"哥萨克人"号驱逐舰于27日沉没在直布罗陀以西海域，大花猫奥斯卡再一次获救，转移到了"军团"号驱逐舰上，然后被带到直布罗陀。

随后奥斯卡又被带到了英国"皇家方舟"号航空母舰上。仅仅三个星期后，1941年11月13日，在从马耳他返航的途中，这艘航母被德国潜艇U-81发射的鱼雷击中，最终沉没在直布罗陀以东30

海里。奥斯卡在海上漂了一段时间后，和其他海员一起，被与"军团"号驱逐舰同级的"闪电"号驱逐舰救起，自此结束了它在海上的历险。

需要补充的是，救过奥斯卡的"军团"号驱逐舰于1942年3月在马耳他被飞机炸沉，"闪电"号驱逐舰于1943年3月8日被德国鱼雷艇击沉。

奥斯卡后来被安置在直布罗陀总督官邸内，然后被带回本土，在贝尔法斯特的海员俱乐部里度过了剩下的战争岁月。

"迪金勋章"

由于它的威名远扬，谁也不敢把它再带到战舰上去了。它最后死于 1955 年。

2. 囚号 5731

"朱迪"是一条出生在中国上海的波音达犬，1937 年中日战争爆发时，正在英国驻长江的"蚱蜢"号炮艇上"服役"。

太平洋战争爆发后，"朱迪"随"蚱蜢"号炮艇转移到东南亚。1942 年 2 月 14 日，"蚱蜢"号炮艇在苏门答腊东北海域遭日军突袭沉没，"朱迪"与部分水兵泅渡上岸。在逃亡途中，不幸被日军俘虏，并被送进吕宋岛上的集中营。

为了避免"朱迪"被日本人射杀，英军战俘不惜以绝食为手段，为它取得正式战俘身份——编号"5731"。而"朱迪"也投桃报李，为战俘们驱逐蝎子、毒蛇和鳄鱼。

日本投降后，"朱迪"重获自由，并于 1946 年获英国专为动物战士颁发的"迪金勋章"。

3. 为何会败走麦城？

1941 年 5 月 27 日，号称"不沉的堡垒"的"俾斯麦"号战列舰，在遭到以"英王乔治五世"号战列舰、"罗德尼"号战列舰、"胜利"号航空母舰、"皇家方舟"号航空母舰为首的 60 余艘英国皇家海军的各型军舰及数型飞机围攻后沉没。

为何"俾斯麦"号战列舰会败走麦城？

从直接原因看，是"俾斯麦"号战列舰寡不敌众，这艘战列舰面对英国60艘的舰艇，其中包括8艘战列舰、2艘航空母舰、14艘巡洋舰、22艘驱逐舰、6艘潜艇及基地飞机的围歼。不得不说，"俾斯麦"号战列舰虽败犹荣，它几乎独自在对抗英国一半的海军力量。

而深层次原因是德国海军实力逊于英国海军。它没有足够的水面舰艇可以支配，只凭几艘强大的战舰单打独斗，挑战强敌，心存侥幸，导致失败。"莱茵演习"原计划4艘舰只组队出海，最终只有两艘战舰出海，一开始就没有为"俾斯麦"号战列舰配备足够的舰只护航，从战斗一开始，它就缺乏强有力的战斗保障，仅在遇到重创后，才有潜艇到"俾斯麦"号战列舰海区援救，结果毫无效果。到最后它没能获得德国足够的救援，德国基本上没有派出支援飞机，停泊在布勒斯特的其它战舰也未曾进行佯动或牵制行动。即使再强大，单打独斗也不可能取得胜利。这是英德两国海军实力相差悬殊造成的。

从指挥的角度来看，也存在着一些偶然和必然因素导致"俾斯麦"号战列舰被歼。

希特勒明知道德国整体海军实力逊于英军，但是他过于相信单舰的作战实力，以一种赌徒的心理制定了"莱茵演习"计划，疯狂

孤舰"俾斯麦"号受到重创后，甲板上燃起大火

而大胆。

　　而这场"莱茵演习"的指挥者吕特晏斯在行动中疏忽了后勤的重要性，这是导致"俾斯麦"号战列舰无力发挥高速的优越性而逃脱英军追击的重要原因。"俾斯麦"号战列舰燃油装载量为8000吨，可以供军舰以最高航速航行8天，由于疏忽，没有在挪威卑尔根停泊时补充燃料，出丹麦海峡时又没有按计划进行海上加油，此时已消耗了2000吨，加上后来被"威尔士亲王"号战列舰击中舰首燃料舱，又白白损失了1000吨燃料。再经过三天两夜

的高速航行，燃料所剩无几。在最后阶段，"俾斯麦"号战列舰一直不敢开到 28 节以上的高速，其根本原因就在于没有足够燃料！即使德军出现了暴露行踪的问题，如果"俾斯麦"号战列舰燃料充足，绝对可以凭借其高速航行，在英军主力舰队到来之前，进入岸基飞机保护圈。

"俾斯麦"号战列舰被击沉，也暴露了德国军舰对电子战的忽略，对敌情估计不足，对英国军舰的事前侦查不够。

在围歼"俾斯麦"号战列舰的作战中，电子战已经初露端倪，对战争结果有着重要的作用。在"莱茵演习"前，德国的密码已经被英国破获，一开始德国的行动就已经暴露，德国军舰指挥官吕特晏斯于 5 月 25 日发出的长篇电报，无疑是最大失误。有意思的是，"俾斯麦"号战列舰被英国海军击沉后，德国海军司令部专门成立一个委员会，调查该舰被击沉的原因，这一委员会竟然排除了该舰与海军总部进行通讯联系时，由于密码被英军破译而暴露了行动计划和位置，从而被击沉的可能性，却断定指挥机关内部出了叛徒，向英国海军泄露了"俾斯麦"号战列舰的作战企图、活动航线及时间，从而导致该舰被击落的后果。如果英军不是依靠此次电报定位，测出德舰基本方位，要想凭军舰、飞机的搜索，在不知道目标范围的情况下，绝对是大海捞针。

另外对"俾斯麦"号战列舰造成致命打击的剑鱼式鱼雷轰炸机鱼雷攻击，也是在军舰无线电引导下才取得成功的，而

"俾斯麦"号战列舰巧妙摆脱英军巡洋舰跟踪，更是电子战中的神来之笔！

从深层次的原因来看，它是德国高层落后指挥理论的牺牲品。战争一开始，德国海军依旧奉行马汉的决战制海理论，过于相信大型战列舰的杀伤力，没有冲破第一次世界大战经验的束缚。德国完全忽略了现代海军发展中航空兵的发展，它的空军实力很强，航空兵实力很弱，还隶属于空军。德国人没有意识到现代海战是海陆空的三方协同作战，一开始没有能建造航空母舰，对海上制空权的影响考虑不足。由此导致德国的水面舰只无法得到空军的远距离支持。

"俾斯麦"号战列舰在离法国海岸600公里的地方沉没，如果德国有航空母舰，能够提供空中支援，英国的舰载飞机就不可能如此轻松地轰炸"俾斯麦"号战列舰。可以说，在围歼"俾斯麦"号战列舰的这场战斗中，飞机所起的作用非同小可。反观英军，22日首先发现德国军舰离开卑尔根的是飞机，26日在搜索毫无收效的情况下发现德国军舰踪迹的又是飞机，而给予德国军舰致命损伤的还是飞机！在整个海上围歼战中，每到关键时刻，总是飞机发挥了决定性作用。反观德军，因为没有远洋航空力量，威风八面的"俾斯麦"号战列舰在没有空中掩护的情况下成为英军的鱼肉。

"俾斯麦"号战列舰的沉没使德国人的大型水面舰艇再不敢涉足大西洋，将洋面制海权拱手送给了英国。随着反潜护航技术的发展，大西洋上的"狼群"也渐显颓势，不再牙尖嘴利，而这一切，都是从"俾斯麦"号战列舰覆亡之时开始的。等到德国人完成痛苦的反思，匆匆地建造了它的第一艘也是最后一艘"齐柏林伯爵"号航空母舰的时候，法西斯的末日也已来临。

"俾斯麦"号战列舰的沉没也预示了希特勒争夺制海权的失败，希特勒和纳粹军队最终走向灭亡的结局已定。

★德国航空母舰：经历过两沉两浮的独苗

第二次世界大战中，德国海军只建造过唯一一艘下过水的航空母舰——"齐柏林伯爵"号航空母舰，可谓名副其实的"独苗"。

"齐柏林伯爵"号航空母舰排水量约 33 000 吨，1936 年 12 月在基尔的德意志造船厂安放龙骨。依据当时德国海军规划，除了代号"A 航舰"的"齐柏林伯爵"号航空母舰外，原本还有一艘姊妹舰"B 航舰"。因为德国海军从来没有建造航空母舰的经验，也没有专属的海上飞行大队，再加上德国空军不配合，航空母舰建造并不顺利。

虽然希特勒欣然参加了"齐柏林伯爵"号航空母舰于 1938 年 12 月 8 日举行的下水典礼，并对其寄予了巨大的希望，但下水时该舰只完工约 85%，既不能以全速（33.8 节）在海上航行，也无法搭载规划中的 42 架舰载机。"齐柏林伯爵"号航空母舰下水后，原本还需要一年的时间才能完工，也需要进行相关的海上测试与人员训练，但是当时德国缺乏足够的原料与人力，导致建设进度一延再延。

1940 年 6 月，"齐柏林伯爵"号航空母舰建设停止，被拖至格丁尼亚港伪装成木材储存船，直到 1942 年才接获命令返回基尔港接受续建工程。由于在第二次世界大战中期之后，德国海军在海上的行动接连受挫，再加上已无力支撑巨大的海军经费，1943 年 2 月 2 日，希特勒下令取消所有德国战列舰、巡洋舰与航空母舰的建造工作。1943 年"齐柏林伯爵"号航空母舰被确定准

正在建造的"齐柏林伯爵"号航空母舰

希特勒、戈林等人检阅航空母舰官兵

备拆除。

1945 年 4 月，纳粹德国摇摇欲坠，仓惶逃窜的德军为了不让"齐柏林伯爵"号航空母舰落入苏军之手，被迫将其凿沉在波兰什切青港口附近的浅水里。但是攻占波兰港口的苏联红军很快就发现了它，在简单修复后，苏联人用它将不少缴获的德国设备运回了本国，此舰从此消失。

由于苏联方面对于此类资料的保密，长久以来"齐柏林伯爵"号航空母舰的实际行踪一直是个谜团。直到多年后苏联的机密档案解密，从其中间接透露该舰曾短暂获得一个编号"PO-101"（浮动基地 101 号），并在 1947 年 8 月 16 日被当作苏联舰艇与战机的靶船，以便研究该如何击沉像航空母舰这般的大型军舰。在苏联空军一次又一次"轰炸练习"下，命运多舛的"齐柏林伯爵"号航空母舰终于第二次沉进了大海。

2006 年 7 月 12 日，一艘隶属于波兰的船只无意中在韦巴港附近发现了沉没在 87 米深海底的"齐柏林伯爵"号航空母舰残骸。

4. 自沉？还是击沉？

至今，"俾斯麦"号战列舰末日传奇故事依旧让人浮想联翩，其中最让人关注的问题是，它究竟是被英国军舰击沉的还是被德国船员自行凿沉的？

英国人认为，"俾斯麦"号战列舰最终是被其重巡洋舰"多特塞郡"号发射的鱼雷送入大西洋底的。德国人则认为，军舰是由于已经丧失战斗力，为了避免更多的炮击和伤亡，为了有尊严地离去，由执行军官汉斯·欧莱斯下令自行凿沉的。

双方的说法都有一定的依据，而近年来的科学考察也试图解开这个谜团。

有关"俾斯麦"号战列舰残骸的搜索工作进行了几次，每一次都带给人不同的遐想。

1988 年春，一支以美国海洋学家巴拉德为核心的搜索队，开始了对"俾斯麦"号战列舰残骸的搜索。他们租用了一艘英国"大力神之星"号作为搜索船，并带上了水下摄影船"阿戈"号。"阿戈"号水下摄影船由 6.09 公里长的同轴电缆牵引，带有声呐系统，以及可以从不同角度拍摄的 3 台遥控黑白摄像机，及一架只能向固定方向拍摄的照相机。

经过不懈努力，1989 年 6 月 6 日，搜索小队终于发现了"俾斯麦"号战列舰的残骸，最先发现的是"俾斯麦"号战列舰的一座巨型炮塔。"俾斯麦"号战列舰上有 4 座这样的巨型炮塔，以重力作用固定在舰身的炮台上。1941 年 5 月 27 日，当"俾斯麦"号战列舰在倾覆下沉时，炮塔脱离了舰身，在引力作用下沉入海底。根据这一线索，6 月 8 日，考察队终于找到了"俾斯麦"号战列舰残骸的主体，它被厚厚的淤泥所覆盖。60 年的海流冲力，使得"俾斯麦"号战列舰沿着一道海底山脉下滑了将近 1.6 公里，从而使巴拉德付出了几个星期的额外努力才得以重新确定它的方位。由于技术所限，以及舰体两边堆积如山的海底沉淀物，巴拉德手中的遥控机械人不能完整地观测到"俾斯麦"号战列舰的全貌。

搜索小组通过各种方式拍下了"俾斯麦"号战列舰的海底的现状："俾斯麦"号战列舰的船体笔直地立在海底，舰尾安息在海底山脉的一个斜坡上。前甲板上巨大的纳粹标志还依稀可见，舰身和上层结构因为在围歼战中凶猛的炮击遭到了严重破坏，炮塔和电缆以及一堆报废物纠缠在一起。

相对于"泰坦尼克"号残骸的残破不堪，所剩无几，"俾斯麦"号战列舰残骸的甲板除了起火燃烧和被英舰炮火摧毁的部分外，大体保存完好，只是舰尾已经脱落了。

尽管舰尾的脱落无疑同英国鱼雷的攻击有关，但较易受损的舰尾确实是当时德国主力舰艇设计上的一个缺陷。"俾斯麦"号战列舰的左舷受到的创伤比右舷要大，因为左舷所受到的炮击来自英军的 2 艘战列舰"英王乔治五世"号和"罗德尼"号战列舰。其右舷的炮火则来自 2 艘巡洋舰，"诺福克"号巡洋舰和"多赛特郡"号巡洋舰。

它的雄姿也令人叹为观止：炮塔上的主炮仍然指向最后一刻它所面对的敌舰方向。船首巨大的纳粹徽号虽然褪色，依然清晰可见。外壳上甚至连下沉时水压制造的凹洞都没有。时间仿佛在这里凝固了。镜头中它仍然完整呈现的船体与坚固的装甲使巴拉德产生了一个疑问，即"俾斯麦"号战列舰是否如传统战史所言，被英国巡洋舰的鱼雷所击沉，抑或是船员们在最后时刻凿沉的呢？

2001 年 6 月，一个美国私人探险小组乘坐两艘俄罗斯微型潜艇，对"俾斯麦"号战列舰残骸进行了首次实地考察。通过舷窗，探险队组长、退休潜艇军官麦克拉伦等人详细地观察"俾斯麦"号战列舰暴露于淤泥以外的两侧舰身，但没有发现遭到炮火严重破坏

沉在海底的 "俾斯麦" 号

的迹象。麦克拉伦说，"俾斯麦"号战列舰的上层建筑和甲板上有许多弹坑，但两侧和吃水线下部分没有弹坑。更重要的是，吃水线上下环绕舰身的 33 厘米厚装甲带并没有严重受损，由此证明英国海军击沉"俾斯麦"号战列舰的可能性不大。作为小组成员之一的美国探险家、退休潜艇军官阿尔佛雷德·麦克拉伦说："它是被船员凿沉的。"

这个"'俾斯麦'战列舰号自沉说"一经发表，立刻在英国激起了强烈的反响。为了捍卫英国海军与历史学界的荣誉，大卫·默恩斯率领一队英国研究者乘坐潜艇，再次对"俾斯麦"号战列舰残骸进行了详细考察。虽然在吃水线附近的装甲保护带上没有发现鱼雷损伤的痕迹，但默恩斯等人借助海底摄影机器，在船壳与海床接触的地方发现了巨大的裂缝，他认为那就是英国舰队毁灭性打击的明证。但巴拉德坚持认为船壳底部的裂缝是在舰体下沉后，在与海底岩石发生碰撞时造成的。

紧接着，詹姆斯·卡梅隆于 2002 年 5 月和 6 月率领美国和加拿大专家对"俾斯麦"号战列舰进行了更仔细地观察。从卡梅隆探险队潜艇放出的线控机器人对残骸内外都进行了观测，结果在舰身水线以上部分发现一些弹洞，但是水线下确没有弹洞。装甲带上也没有出现由鱼雷攻击造成的破坏。卡梅隆在舰身下部的发现最令人吃惊，它为舰体上裂缝的成因提供了新的解释。

卡梅隆说，战舰碰撞海底时巨大的内部压力使舰身向外膨胀，

"俾斯麦" 号建造时拍到的上层甲板结构

而环绕舰身的装甲带却整体保持完好，因此舰体某些部位尤其是底部发生断裂。机器人在穿过裂缝到达军舰内部后在狭长裂缝的尽头碰到过被鱼雷炸出的洞，被鱼雷炸开的舱壁除了攻击处的弹孔外很平整，钢板看起来完整无缺，并没有被击穿，也没有裂开。卡梅隆发现鱼雷的爆炸根本没有击碎内部装甲墙，被摧毁的只是由储水舱和燃料舱组成的外部"牺牲区域"，它们吸收了鱼雷的爆炸冲击力。"俾斯麦"号战列舰薄薄的槽壁虽然裂开了，不过里面的舱壁很完整，军舰的核心并没有被击穿。在"俾斯麦"号战列舰的设计中，考虑到用装甲舱壁用来抵挡鱼雷，它成功地办到了，舱壁挡住了鱼雷的冲击，德国军舰装甲也经受住了考验，命中目标的鱼雷没有造成舰体严重进水。核心没有进水，这些情况都表明，"俾斯麦"号战列舰的沉没很可能不是由外部的攻击造成的，那另一种可能就是自沉。卡梅隆认为鱼雷是无法在最后几分钟让军舰沉没的。他认为这些证据支持了德国人的说法，也解释了一些德国老兵们为什么还能生还。

当时的战斗应该是这样的：当时英国人的炮击不断缩短距离，直到最后几乎是发射平射炮。讽刺的是，平射炮使得炮弹几乎不管用，因为弹道太平，炮弹在水面歪弹，或者无法深入击穿"俾斯麦"号战列舰的下层舰壳。炮弹把上层甲板打成马蜂窝，造成大量人员伤亡，不过没有击穿装甲核心。

据幸存老兵卡尔·华特回忆，最后一战中，大家都知道的弃船

"罗德尼"号抵近"俾斯麦"号射击时的情景

命令已下达。200人不断推挤穿过左舷后甲板门,其中包括下令弃船的执行主官。可是一枚炮弹击穿左舷装甲在他们之间爆炸,几乎炸死了所有人,考察人员也在左舷找到了老兵所说的那个炮弹打出的弹孔,证实了这个说法。

尽管至今"俾斯麦"号战列舰是因鱼雷爆炸而沉或弃船自沉而众说纷纭,但无论如何"俾斯麦"号战列舰都逃脱不了沉没大西洋的最终结局,即使有德国船员凿沉"俾斯麦"号战列舰的举动,那么它不过是加速了这个毁灭的过程。

"俾斯麦"号战列舰短暂的一生极富传奇色彩,英国海军本土司令托维上将曾说,"俾斯麦"号战列舰在遭受到概率非常小的厄运的情况下,仍然进行了顽强的抵抗,它不愧为德国海军的骄傲。就连下沉的时候,整个海面也被它的光彩所照亮。言辞之中充满了赞赏。德国人的对手尚且如此形容它,如果撇去它是纳粹德国的战车这一因素，用"骄傲"和"辉煌"来形容它，并不为过。

从性能指标上看，"俾斯麦"号战列舰显然是当时实力最强的战列舰，它不但体积庞大，而且坚固，火力威猛。在德国优秀的生产工艺支持下，设计偏于保守的"俾斯麦"号战列舰在火力、速度和生存三者间取得了较好的平衡，即使它不够"先进"，也是足够"强大"的。

其次，从它的战斗经历来说，"俾斯麦"号战列舰在丹麦海峡战役中，在实力占劣势的情况下击沉英国"胡德"号战列巡洋舰，重创另一艘"威尔士亲王"号战列舰的战绩，在海战史上并不多见。如果说"胡德"号战列巡洋舰是老人，那么"威尔士亲王"号战列舰则无疑是当时英国最先进最新式的战舰了，"俾斯麦"号战列舰在短短的时间内就将对方打得不堪一击，确实神勇。"俾斯麦"号战列舰较高的命中率也很值得称道。尤其是，"胡德"号战列巡洋舰曾经是大英帝国皇家海军的骄傲，海军的每一个水兵，每一个军官都以曾在"胡德"号战列巡洋舰上服过役为荣。"胡德"号战列巡洋舰1920年完工服役（1937年进行现代化改装），是皇家海军中最大、成本最高的主力舰，而且它的航速是当时海军主力舰中最快的。"胡德"号战列巡洋舰服役后，被任命为本土舰队旗舰。在其生涯中很大一部分时间是作为皇家海军展示英国国威的礼仪舰，巡游世界各国，被誉为"最美丽的战舰"。因此"胡德"号战列巡洋舰已经成为了皇家海军的象征，成为英国人的骄傲与自豪。

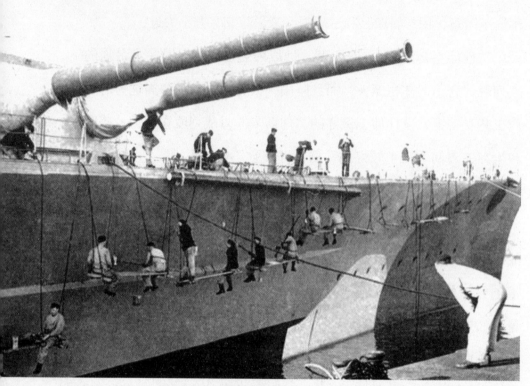

"俾斯麦"号采用的双联装 381 毫米主炮

"俾斯麦"号战列舰在 6 分钟内击沉了"胡德"号战列巡洋舰，给予英国人的打击远远不止一艘战舰被毁的震撼，最关键的是重创了英国海军的骄傲。

再次，"俾斯麦"号战列舰牵制了包括"英王乔治五世"号战列舰、"罗德尼"号战列舰和"胜利"号航空母舰、"皇家方舟"号航空母舰为首的 60 余艘英国皇家海军的各型军舰，这也是历史上仅有的一次现象。有资料表明，最后一天的围歼战中，短短的一个半小时内，仅"英王乔治五世"号战列舰的主炮就发射了 714 发

356 毫米炮弹、"罗德尼"号战列舰发射了 406 毫米炮弹。"俾斯麦"号战列舰顽强的生命力也令所有人叹服。

尽管"俾斯麦"号战列舰沉没了，但是它的传奇故事仍在流传，仍在继续。

★受重创的"俾斯麦"号战列舰为何能承受巨大的攻击？

在"俾斯麦"号战列舰的最后一天，有资料说，英国军舰共发射了 2878 发大口径炮弹，但"俾斯麦"号依然在水上顽强地坚持了一个半小时，所受攻击强度之大前所未有。在同等情况下，基本上其他战舰早已沉入水中，为何"俾斯麦"号战列舰有如此顽强的生命力呢？

实战的效果证明了德国"俾斯麦"级战列舰设计之巧妙与战列舰的坚固。"俾斯麦"号战列舰是德国装甲舰一个非常成功的案例。

"俾斯麦"号战列舰被"剑鱼"式鱼雷轰炸机投下的 3 枚机载鱼雷击中，除了阴错阳差地打坏了无法防御的船舵外，其破坏力均被防雷结构完全抵挡，几乎没有造成任何毁灭性的损伤，这说明"俾斯麦"号战列舰防雷结构的实际抵抗能力很不错。想想 1941 年 12 月英国"威尔士亲王"号战列舰被 6 枚鱼雷命中击沉，"俾斯麦"号战列舰显然在防雷结构上更具有可靠性。

即使在军舰被毁灭的时候，"俾斯麦"号战列舰的舰体主体部分也没有发生断裂和明显的扭曲，这一点明显有别于其他国家的多数军舰。尽管各国军舰上都有把一部分装甲融入构造的做法，但德国的装甲舰显然比其他国家的要坚固。在舰体结构重量保持吨位不变的前提下，"俾斯麦"号战列舰把大量的装甲融入了它的舰体构造中，大幅增强了舰体强度，其中独立充当构造构件的有110～120毫米的主水平装甲倾斜部分，80～100毫米的主水平装甲水平部分，20～60毫米的横向内部装甲和30毫米的纵向内部装甲，显然在实战中都发挥了作用。制造装甲用的高强度混合钢也证明了它们的刚性与弹性。

"俾斯麦"号战列舰遭受到了如此频繁巨大的炮击，它的弹药库居然没有爆炸，哪怕后来在下沉中倾倒，弹药库也没有发生内部爆炸，说明它的防御设计十分到位。

"俾斯麦"号战列舰即使严重倾覆也在水面上坚持了很久，证明设计时各种严格的预防措施和遍布全舰的隔离应急水密舱，都曾经起到了最全面的保护作用。

"俾斯麦"号战列舰全舰分为22个主水密隔段舱，从第3到第19舱段为主装甲堡区域，舰体主装甲堡长达171米，最宽处36米，保护了70％的水线长度和85％～90％的浮力以及储备浮力空间，这是任何同时期战舰也无法做到的大手笔。在巨大的舰体主装甲堡内，德国人又在纵向和横向上安装了多重装甲和水密隔板，这些设计在实战中也发挥了重要作用。

巧妙的构造设计加上优质的造船材料，为"俾斯麦"号战列舰

"俾斯麦"号战列舰在设计时，速度、防御、攻击力三项指标趋于平衡

打造了一个强度极为可靠的舰体。不得不说，"俾斯麦"号战列舰体现了德意志军舰的严谨与设计精巧。

"俾斯麦"战列舰最终沉没并不能说明德国军舰强调防御力没有意义，只是单舰的作用没有达到可以压倒整个英国皇家海军和空军的程度。从技术上说"俾斯麦"号战列舰是一艘性能优良的战舰，在整个第二次世界大战期间，除日本"大和"号战列舰外，它几乎能够压倒或抗衡任何当时的战列舰。